W0087631

EVELYN SCHERFENBERG · JOHANN WANNER

JOHANN WANNERS *W*EIHNACHTSWELT

EVELYN SCHERFENBERG
JOHANN WANNER

JOHANN WANNERS WEIHNACHTS-WELT

TRADITION

DEKORATIONSKUNST

CHRISTBAUMZAUBER

ES GESCHIEHT IN UNSERER ZEIT 8

DER WEIHNÄCHTLER
Das wahre Märchen vom Basler Christbaumverzauberer 11

DAS IMMERGRÜNE, IMMER NEUE WEIHNACHTSWUNDER
Vom Ursprung des Christbaums, von Zeiten und Moden 25

HISTORISCHES KALENDERBLATT
Weihnachtsfest und Weihnachtsbaum 43

ZWISCHEN LUST UND KUNST
Die Freude am Schmücken 51

MYTHOS BAUM
Die grüne Kraft der Phantasie 59

LICHTBLICKE
Kerzen – die helle Freude 71

ANDERE LÄNDER, GLEICHE SITTEN
Die internationale Erfolgsgeschichte des Weihnachtsbaums 79

ZURÜCK ZU DEN RITUALEN
Die Kraft der neuen, alten Kultur 85

DAMIT'S EIN PRACHTWERK WIRD
Wanner-Tricks für einen herrlichen Christbaum 107

LAMETTA UND LAST MINUTE
Baumtypen, Menschentypen   117

RUND UND SCHÖN
Immer beliebter und prächtiger: Adventskränze und Türkränze   123

DAS GLÜCK MIT DEN GLASKUGELN
Eine glorreiche Baumkarriere   131

DIE SPRACHE DER DINGE
Zur Symbolik des Baumschmucks   143

FARBE IST ALLES
Die bunte Schönheit des Weihnachtsbaums   153

NATURTYP ODER EVERGREEN?
Eine kleine Baumschule   161

SCHÖNE TRENDS
Der Weihnachtsbaum der Zukunft   171

ANHANG
Literatur, Bezugsquellen   174

Es geschieht in unserer Zeit...

...daß wir uns in alte Traditionen neu verlieben. Daß wir sie mit einer jungen, frischen Freude pflegen und mit Gestaltungsfleiß bereichern.

Wie schön es doch ist, wenn die Weihnachtszeit kommt und mit ihr die Lust, zu schmücken und zu zelebrieren! Nur zu gern lassen wir uns und die Wirklichkeit von buntem Gefunkel und heimeligen Düften betören. Und wenn Heiligabend endlich der Weihnachtsbaum leuchtet, dann kehren sie wieder zurück – die verloren geglaubten Gefühle der Kindheit. Dieses entzückte Staunen. Wohlige Geborgenheit. Überraschende Glücksmomente.

Noch vor wenigen Jahren, in einer kurzen, kühlen Phase kritischer Rationalität, schien es, als sei der kostbare Schatz der Traditionen seines Sinns beraubt. Da herrschte Gefühlsdistanz und Erklärungsnot: Warum noch einen Weihnachtsbaum in die Stube stellen wie der Bürger im Biedermeier? Ist die magische Leuchtkraft der Kerzen nicht längst erloschen? Warum noch schenken mitten im Überfluß?

Erleichtert erkennen wir heute, daß sich zwar solche Zweifel, nicht aber die herrlichen Traditionen abgenutzt und erledigt haben. Gewiß, der moderne Mensch baut Computer und fährt mit Raketen im Kosmos spazieren. Fraglos unterscheidet sich sein Dasein im Hinblick auf Komfort und Technik grundlegend von dem seiner Urgroßeltern. Doch das sind ja bloß Äußerlichkeiten. Im menschlichen Innern finden Psychologen immer wieder erstaunlich urwüchsige Seelenzustände! Da sitzt noch die Angst vor den Dämonen der Dunkelheit, da wohnt die alte

Sehnsucht nach Licht, Wärme und Menschen, die zu uns gehören.

Nicht zu vergessen eine weitere ewig klassische menschliche Eigenheit: das Empfinden für Schönheit inklusive dieser fabelhaften Lust an Prachtentfaltung. Ja, und daran mag wohl auch niemand mehr deuten: Wie seit Jahrtausenden braucht und sucht der Mensch Anlässe, um sich zu freuen und zu erinnern. Vielleicht braucht er heute sogar mehr denn je die schöne, vertraute Gewißheit, einmal im Jahr dem grauen Pfad der Alltagsroutine entfliehen und sich mit all seinen Sinnen des Daseins freuen zu können: Herrlich, heute feiern wir wieder Weihnachten!

Wir alle wissen, daß dieses Fest um Christi Geburt eine rätselhafte Gefühlstiefe auch jenseits des religiösen Empfindens auszulösen vermag. Warum das so ist, beginnen wir erst allmählich zu ahnen: In unserem weihnachtlichen Brauchtum versöhnen sich christliche und archaische Riten in einem merkwürdig faszinierenden Bündnis. Was eigentlich nicht zusammengehört, ist hier in wunderbarer Eintracht versöhnt. Der Weihnachtsbaum, das Festsymbol schlechthin, hat, wie uns Forscher erklären, mehr mit germanischer Mystik als mit christlichen Werten zu tun. Es ist die Krippe, in der sich symbolisch Freude und Dankbarkeit über das geborene Christkind offenbart. Für uns gehört beides zusammen.

Dem Weihnachtsbaum wohnt eine seltsame Faszination inne. Bäume, das erzählen tausend Mythen und Legenden, Bäume verwandeln Menschen. Es geht eine geheimnisvolle, eine wilde Kraft von ihnen aus. Manche Bäume machen glücklich. Weihnachtsbäume ganz besonders. Wer Heiligabend am geschmückten Baum feiert, weiß sich in Gefühlsharmonie mit Millionen Seelenverwandten in aller Welt. Der Weihnachtsbaum ist der strahlende

Beweis dafür, daß wir inmitten des sachlichen, hektischen Lebens den Sinn für Ideale und die Brücke zur Vergangenheit bewahrt haben.

Die Zeit kann nicht innehalten, nichts bleibt für immer, wie es ist. Zusammen mit den Traditionen erben Menschen stets einen Entwicklungsauftrag getreu der Erkenntnis, daß jede Generation mit anderen Augen sieht und selbst gestalten muß.

Bräuche und Rituale wollen immer wieder neu überdacht, geformt und den Zeiten angepaßt werden. Verlieren sie ihre Wandlungsfähigkeit, dann erstarren sie zur Routine und drohen wegzubrechen.

Gerade Weihnachten kündet von Erneuerung. Und zum Weihnachtsbaum gehört das Außergewöhnliche. Johann Wanner ist ein außergewöhnlicher Mann. Er kreiert außergewöhnlichen Weihnachtsschmuck und dekoriert die allerschönsten Bäume. Sein Geschäft in Basel hat sich zu einem weltweit berühmten Kult-Shop, der feinsten Adresse für edlen Weihnachtsschmuck, entwickelt. Wanners Gefühl für Tradition und Zeitgeist ist legendär. Seine weihnachtlichen Traditionsideen, traditionell bis avantgardistisch, kindlich verspielt bis extravagant, gelten als gestalterisches Credo.

Der Designer aus der Schweiz hat die Sitte des Christbaumschmückens nicht etwa neu erfunden, er hat sie vielmehr traditionsgetreu neu interpretiert und ihr so zu zeitgemäßer Geltung verholfen. Nicht zuletzt seiner Liebe zu schönen

Reizvolle Perspektive:
In gewölbten Fenstergläsern spiegeln
sich Lichterbäume.

Bäumen und seinem beispielhaften Dekor ist das in aller Welt neu erwachte Interesse am Weihnachtsbaum zu verdanken.

Wanner-Bäume schmücken Schlösser, Museen, Hotels und Villen, Mietwohnungen und Berghütten. Seine Kreationen erzählen von der Möglichkeit des Unmöglichen, der Kraft des Unsichtbaren. Ein Baum von Wanner kann ein Gemälde sein, ein Märchen, eine Sinfonie. Oder aber auch alles in einem.

Diesem Buch liegen die Wannerschen Dekorationsideen zugrunde. Es präsentiert viele von ihm geschmückte Bäume und von ihm entworfenen Schmuck. Es will mit Bildern verzaubern und inspirieren, mit Texten zu neuen Schmuckideen ermutigen und enthält eine Fülle von Dekorationstips, die dem Weihnachtsbaum zu geradezu himmlischer Pracht verhelfen.

Das Buch erzählt vom Schmücken und von der Geschichte des Weihnachtsbaums. Es erklärt, warum wir unseren Baum so lieben, was er uns bedeutet und gerade heute bedeuten kann. Es erzählt von alten Mythen und von der Macht der weihnachtlichen Symbole.
Ein Wissenschaftler, Soziologe wohl, wurde einmal gefragt, was in unseren Zeiten das wichtigste an Weihnachten ist.

Der Experte: Daß wir feiern.

Damit wissen wir auch, was in unseren Zeiten das wichtigste am Weihnachtsbaum ist:
Daß wir ihn schmücken.

DER WEIHNÄCHTLER

DAS WAHRE MÄRCHEN VOM BASLER CHRISTBAUMVERZAUBERER

Seinen Laden betritt man als Kunde,
heraus schwebt man als Engel.
Ein Stammkunde

Was macht der Weihnachtsmann eigentlich im Sommer? Ferien an der Riviera? Eine Kreuzfahrt in der Karibik?

Da dem Weihnachtsmann in Interviews und Briefen diese Fragen sehr oft gestellt werden, stellen wir schon mal fest: Urlaub paßt weder zum Berufsethos noch in den Terminkalender des Weihnachtsmanns. Kaum hat er sein strapaziöses Weihnachtspensum erledigt, muß er schon wieder die nächste erdumspannende Bescherungstour organisieren: Ermitteln, was die Erdenbürger sich wünschen. Alles notieren, ordern und besorgen. Kontrollieren, ob in den Werkstätten auch wirklich alles läuft wie geschmiert. Die Lieferungen prüfen und sortieren. Was manche Menschen vermutlich nicht wissen: Der Weihnachtsmann ist auch ein Erfinder. Vieles von dem, was uns das Fest so schön macht, hat er selbst ersonnen. Zu seiner Arbeit gehört also auch das Entwerfen, Gestalten und Zeichnen.

Das knappe, aber gehaltvolle Kapitel »Freizeit« in der wahren Geschichte vom echten Weihnachtsmann könnte auch mit »Sport« überschrieben werden. Sommers schwimmt er täglich im Rhein. Er spielt auch Golf und wandert. Hin und wieder gönnt er sich einen Ausritt auf dem Sattel seines roten Motorrads. In seiner Jugend ein begeisterter Radrennfahrer, tritt er noch heute gern in die Pedale. Im Winter entfalten sich gar ausgefallene Talente: Jetzt tanzt der Weihnachtsmann schon mal auf eisigem Parkett, auf Kufen bewegt er sich dank jahrelangen Trainings elegant und sicher wie ein geborener Eisprinz.

Johann Wanner als Baby.

Und doch gilt für alle Fälle: So richtig froh ist der Weihnachtsmann nur in seiner Weihnachtsstadt. Da werkt und wirkt er mit seiner Weihnachtsfrau in seinem Weihnachtshaus zu allen Jahreszeiten zwischen funkelnden Weihnachtsbäumen. Verreist wird meist nur aus dienstlichen Gründen – zu Messen, Produzenten und Kunden. Sein Lieblingsschlitten, ein austerngrauer Rolls Royce, bleibt dann samt Chauffeur zu Hause. Der Weihnachtsmann fliegt mit Swissair und genießt den Sonderkomfort eines Vielfliegers. Die Ziele seiner Geschäftsreisen liegen in aller Welt.

Wie gesagt, das ist wahr und wirklich – und doch zugleich Medien-Legende. Medien hängen Menschen gern ein Etikett an, und dabei wird schon mal geflunkert. Im Fall des Schweizers Johann Wanner, den die Amerikaner »Father Christmas«, die Franzosen »Père Noel«, die Italiener »Papa Natale« und die Deutschen den »Schweizer Weihnachtsmann« nennen, trifft der in unzähligen Zeitungs- und Fernsehbeiträgen schon stereotyp gebrauchte Ehrentitel die Person vorzüglich. Man könnte Wanner zwar auch korrekt als »Designer« und »Unternehmer« bezeichnen. Das würde das Publikum aber nur langweilen und – noch schlimmer – das Wesentliche unterschlagen.

Johann Wanner hat, wiewohl für die meisten Menschen kaum merklich, Weihnachten belebt und bereichert. Der Basler entwirft und verkauft wundervollen Christbaumschmuck. Er hat es damit zu Erfolg und Ansehen, ja weltweitem Ruhm gebracht. Was Davidoff für Zigarren und Tiffany für Juwelen, ist eben Wanner für Weihnachtsschmuck: der Beste. Sein Name ist Markenzeichen und Gütesiegel. Er steht für Luxus, Geschmack und Extravaganz.

Den nie angefochtenen Superlativ als »Kreateur des herrlichsten Baumschmucks« dankt er seinem gestalterischen Mut und seiner Schweizer Beharrlichkeit. Wanner hat als erster weihnachtlichen Glasschmuck in größeren Mengen nach alten Originalformen in den Traditionswerkstätten Thüringens und Böhmens fertigen lassen und damit dem Weihnachtsbaum und der vordem darniederliegenden Glasbläserkunst zu einer glänzenden Renaissance verholfen. Und er hatte als erster die kluge, die traditionserhaltende Idee, bei der Gestaltung dekorativer Elemente fürs Weihnachtsfest – ganz im Sinne des Brauchtums – den Zeitgeist mitwirken zu lassen. Volkstumsforscher bekunden heute dankbar: Johann

Weihnachtsmann Wanner mit flockenweißer Pudeldame Cindy und einer extravaganten Kollektion in den klassischen Trikolore-Farben Rot, Weiß, Blau.

Wanner hat das Juwel Weihnachten neu geschliffen, so daß es sprüht wie niemals zuvor.

Mit schöner Regelmäßigkeit findet sich in den meisten Nobelgazetten dieser Welt rechtzeitig vor dem Fest ein Kauftip für Anspruchsvolle. Er lautet etwa so: »Bei Wanner in Basel finden Sie den schönsten Weihnachtsschmuck überhaupt. Sie können hier auch nach Ihren persönlichen Wünschen fix und fertig geschmückte Weihnachtsbäume bestellen. Die Firma liefert die zauberhaftesten Exemplare jeder Größe an jeden Ort, auch auf Ihre Jacht.« Dem Hinweis folgen gewöhnlich Firmenadresse und -telefonnummer. Damit der Leser ehrfürchtig notiert, daß er sich als Käufer von Wanner-Schmuck in gediegener Gesellschaft befindet, nennt die Redaktion gern einige Wanner-Kunden: Prinzeßchen, Filmdiven, Künstler und Politgrößen – Konsumentenmix der Extraklasse.

Längst hat es sich herumgesprochen: Hollywoodstars ordern Wanner-Zierrat. Der europäische Hochadel feiert unter wannergeschmückten Tannenbäumen. Was aber, wenn man nicht Kinostar ist und Weihnachten auch nicht auf Windsor-Castle zelebriert? Darf Herr Jedermann das Wannersche Weihnachtshaus in Basel überhaupt betreten? Kann er dort eine Schachtel Christbaumkugeln kaufen oder gar einen Weihnachtsbaum? Wird er dabei arm?

Schauen wir doch einfach mal bei Wanners Weihnachtshaus vorbei. Bummeln wir durch die mittelalterliche Basler Altstadt, die sich schutzsuchend an einen Hügel schmiegt. Wie schön: Es hat gerade geschneit, die steilen Dächer, die engen Gassen sind weiß bepudert. Kein Auto stört die Basler, die ihre Einkäufe sichtlich weniger gehetzt erledigen als andere Städter.

Wäre ja auch jammerschade, wenn die Bürger jetzt, da ihre Stadt sich mit liebevollem Eifer weihnachtlich herausgeputzt hat, in ihrer Eile blind wären für die Lichterketten an den Rheinbrücken, das Tannengrün an den Fenstern und die leuchtenden Tannenbäume auf den Plätzen; wenn sie es nicht mit Freude bemerkten, daß sich Basel anschickt, den Ruf einer europäischen

Der Chef vor seinem berühmten Geschäft am Spalenberg zu Basel nebst Rolls Royce, Chauffeur und Doorman.

»Weihnachtsmetropole« zu erringen, einem weithin bekannten, in der Adventszeit gern besuchten Ort der Weihnachtsromantik, der weihnachtlichen Bräuche, Märkte und Spezialgeschäfte.

Jetzt schlendern wir um eine Ecke in ein verträumtes Gäßchen namens Spalenberg, das sich in flankierender Begleitung kleiner Läden zum Rathausplatz buckelt, dem Herzen Alt-Basels. Da, auf halber Höhe, stehen zwei Kinder vor einem Schaufenster – wie festgenagelt. Ergriffen bestaunen sie eine Prachtwelt hinter Glas: Goldengelchen und Goldpalmen, bunte Teddys, Pferdchen, Nikoläuse, glitzernde Sterne und leuchtende Kugeln ...

Links ein Café, rechts ein Käsegeschäft, dazwischen eingeklemmt dies Haus Nr. 14, an dessen Front, ebenerdig, neben dem strahlenden Fenster nur noch ein kleiner Eingang Platz findet. Darüber die Aufschrift: Erbaut 1322. Kann sich hinter dieser schmalbrüstigen, fünf Stockwerke hohen Fassade tatsächlich die Zentrale eines weltberühmten Firmenimperiums verstecken? Der in der Eingangsnische postierte livrierte Herr mit den weißen Handschuhen gibt sich – nobel, nobel – als Türsteher zu erkennen, der auf Kundenwunsch gratis Kinder, Taschen und Hunde verwahrt. Von hinderlichem Ballast allergnädigst befreit, treten wir durch die Ladentür.

Manche Kunden berichten ja, das Funkeln im Wannerschen Weihnachthaus versetze sie stets in eine Art Trance. Andere behaupten, sie würden hier innerlich sofort zu Kindern. Wir glauben, eine Fee hat uns in Erfüllung eines Wunschs in ein Märchen gezaubert, mitten in Alibabas Schatzhöhle. Wir wandeln in einem Traum von orientalischer Opulenz, in einer inszenierten Illusion, in der die Wirklichkeit nur in Gestalt einer Ladentheke mit altmodischer Registrierkasse existiert. Das Glitzern und Glänzen reicht fast von Wand zu Wand, wächst

Sportfan Wanner mit Sohn Christian beim Skifahren und Eislaufen.

beidseits die Wände hoch zur Decke und auch noch über sie und läßt in drei hintereinander liegenden Stuben nur einen langen Mittelgang frei, der so schmal ist, daß zwei Kunden mit Mühe aneinander vorbeipassen. Von irgendwoher tönt leise Klaviermusik, das Weihnachtsoratorium von Johann Sebastian Bach. Ein Hauch von Nelken und Weihrauch steigt in die Nase.

Allüberall stapeln sich offene weiße Schachteln – die obersten wurden wohl stets bewußt in Griffhöhe kleiner Kinder gelagert –, darin Christbaumkugeln, gläserne Zapfen, Würfel, Tropfen, Blüten. Hier leuchtet es rosa und pink, dort wandeln sich die Farben von einem hellen Wiesengrün von Schachtel zu Schachtel sacht in ein tiefes Nachtblau. Neben und über den Stapeln, auf Tischen, in Regalen und auf Postamenten gruppieren sich Schalen, Etageren und Vasen mit Bergen von Kugeln, Girlanden, Schleifen und

15

Püppchen. Wir entdecken Kugeln mit Kringeln und Tupfen, Karos und Streifen, Kugeln in den Farben des Union Jack, im Dekor Stars & Stripes und Liberty-Glöckchen neben italienischen Renaissance-Engeln, wir bewundern edle venezianische Spiegel, barocke französische Leuchter und Adventskränze, groß wie Wagenräder, über und über mit fliederfarbenen Prachtblüten und silberdurchwirkten Brokatbändern versehen.

Üppig geschmückte Tannenbäume hängen von den Decken und brillieren auf Konsolen. Einer besteht ganz aus Samt und Seide, ein anderer aus weißen Tüll-Lilien. Welcher der schönste ist? Nun, vielleicht der edle paillettenbesetzte Sternentraum hinten links ... aber andererseits: dieses Bäumchen mit all den hauchzarten Glasgebilden in den Farben reifer Aprikosen ... nein, keiner übertrifft den anderen, jeder wirbt effektvoll für sich und eine andere bezaubernde Idee.

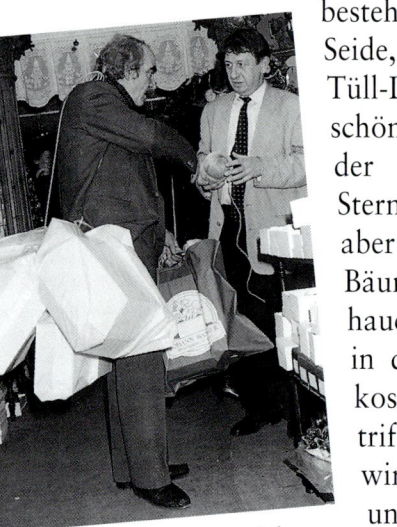

Wanner-Kunde: der weltberühmte Objektkünstler Jean Tinguely.

Das Wannersche Weihnachtsparadies hat seine eigenen Welten: ein Meer aus gläsernen Muscheln, Fischchen und Seesternen, eine Menagerie der Fabelwesen, einen Park der exotischen Vögel, einen Wald aus silbernen Rehen und Hirschen, ein Orchester winziger Instrumente, ein Firmament mit Sternen aller Arten und Farben. Und nichts wirkt bedeutungsüberladen, provinziell oder spießig. Viele Objekte sind überaus edel, andere herrlich verspielt oder entzückend naiv, manche erfrischend witzig oder zum Lachen ausgeflippt. Zu den weihnachtlichen Urformen und den klassischen Farben gesellen sich muntere Popfarben, interessante Designerobjekte und kecke zeittypische Spielereien: Weihnachtsmänner, die im Hubschrauber die Weih-

nachtsbäume umschwirren oder – der Hit bei jugendlichen Kunden – illuminierte Glas-Teddys. Schon weil im Wannerschen Weihnachtshaus die Tradition mit den Mitteln der Moderne fortgeschrieben wird, fehlt der Kollektion jede verstaubte Prüderie.

Jetzt schwebt ein blonder Engel aus dem dritten Stübchen herbei und erkundigt sich freundlich nach unseren farblichen Vorlieben. Bald wird uns klar, der Engel ist Ursel Wanner, Gattin des Weihnachtsmanns. Eine Tüllschleife steckt im hellen Haar, den Hals ziert ein apartes Collier aus perlenkleinen Christbaumkügelchen, das vortrefflich zum eleganten dunklen Kostüm paßt. Später erfahren wir, daß die geschmacksichere Ursel Wanner oft selbst die Schmuckwahl für jene fix und fertig dekorierten, exklusiven Tannen trifft, die von Basel aus in aller Herren Länder verschickt werden. Auch die attraktive und farblich fein abgestimmte Präsentation des Sortiments im Weihnachtshaus trägt Ursel Wanners Handschrift.

Die Chefin des Hauses zeigt uns, weil wir die Farbe Rot so schön am Weihnachtsbaum finden, eine purpurne mundgeblasene Christbaumkugel für 1,50 Schweizer Franken. Wir sind überrascht: Schon 100 Franken genügen also, um einen mittelgroßen Baum mit herrlichem Glasschmuck von Wanner festlich strahlen zu lassen! Dann aber öffnet die Weihnachtsfrau eine Vitrine, ein Schatzkästlein der kostbarsten Pretiosen. Die güldene Kugel da, groß wie ein Luftballon, kostet 900 Franken. Wir erfahren, daß es sich um eine sogenannte Hüttenkugel handelt und zugleich um die größtmögliche blasbare Glaskugel, einmalig wie jedes Kunstwerk, aber leider bruchgefährdet. Kein Kunststück ist es, mit solchen und anderen verführerisch schönen Solitären ebenso wie mit limitierten »Schmuckeditionen« für einen einzigen extravaganten Baum gut und gern – pardon, ein besserer Vergleich ist gerade nicht zur Hand – den Preis eines Pkw der gehobenen Mittelklasse auszugeben.

*Schillernder Maskenspaß nach Basler Art:
»Weihnachtsbäume« in der Wannerschen
Fasnachtsstube.*

Ein älterer Herr wandert schon eine lange
Weile durch die Räume, schaut forschend in
jeden Karton, späht in jede Vitrine und wird
doch nicht fündig. Endlich faßt er sich ein Herz
und bekennt: »Ich suche eine Christbaumkugel,
auf der ein Engelchen sitzt.« Und weil ihm sein
Anliegen wohl erklärungsbedürftig scheint, erzählt er, daß seine Frau als Kind einmal so eine
merkwürdige Kugel besessen habe, die leider zer-
brochen sei. Nun wolle er ihr doch zumindest
eine ähnliche schenken. Ursel Wanner kann
sofort mit einer wächsernen Variante dienen. Der
Kunde kauft entzückt.

So berauschend üppig das Angebot, das keine
farblichen, formalen und preislichen Lücken
offen läßt, so typisch sind doch, berichtet Frau
Wanner – und dabei wickelt sie eine Christbaumspitze sorgfältig in Seidenpapier – solche Szenen:
Viele Kunden begehren ausgefallene Einzelstücke
und hegen von ihrem Wunschobjekt bis ins winzige, oft kuriose Detail präzise Vorstellungen.
Gut möglich, daß gleich einer kommt und ein
grasgrünes Glasvögelchen mit roten Punkten und
einem Brief im Schnabel verlangt. Jedem sein Plä-
sier: Solche Exemplare werden gemäß Kundenwunsch auch eigens gefertigt.

Zwei Teenies, die goldenen Einkaufsteller mit
einer himmlischen Heerschar goldiger Maché-
Putten gefüllt, schubsen sich an: »Guck mal, da
ist der Wanner!« Wahrhaftig, der Medien liebster
Weihnachtsmann trat soeben mit einem munte-

ren »Grüezi« in sein Reich. Ob die beiden Mädchen etwas enttäuscht sind? Der Mann trägt weder Rauschebart noch Zipfelmütze, sondern ist glattrasiert und in graues Tuch gehüllt. Zweireiher, Kaschmir. Nur die dezenten Sternchen auf dcr Seidenkrawatte und ein flimmernder Fleck Goldstaub am Revers lassen ahnen, daß dieser Herr wohl nicht in der Bankbranche tätig ist.
Mr. Christmas, haben Sie ein bißchen Zeit für uns? Ja, sagt er, ein bißchen schon. Schön, lassen Sie uns also ein wenig plaudern. Etwa über dieses Phänomen: Popularität. Wie ist das eigentlich, wenn man eine Weihnachtslegende ist?

Typisch Wanners, dieser Mut zu verwegenen Spektakeln. Hier präsentiert sich das Ehepaar, sie geflügelt, er von einem Adventskranz gekrönt, auf der roten Harley.

Weihnachtsmann Wanner hält den Zustand nicht für unangenehm. Er trägt sein Amt sichtlich souverän und versucht, das Beste daraus zu machen. Daß ihn so viele Menschen in aller Welt kennen, wundert ihn immer wieder. Andererseits weiß er natürlich auch, daß sein Geschäft so außergewöhnlich ist wie Weihnachten, emotionsvoll, romantisch, der Wirklichkeit entrückt. Wieder und wieder erreichen ihn rührende Sehnsuchtsbriefe, vor allem aus Amerika; die Fanpost füllt etliche Kisten. Selbstverständlich beantwortet er jeden einzelnen Brief und versucht, so es irgendwie geht, die Wünsche zu erfüllen. Oft klagen die Schreiber über großen Kummer, über verlorengegangenen Baumschmuck, der einst stolz gehüteter, noch aus Europa stammender Familienbesitz war. Und sie bitten den lieben, guten Schweizer Weihnachtsmann herzlich, ihnen doch »Christmas Ornaments« solcher Art zu beschaffen und übern großen Teich zu senden. Manchmal ersuchen die Briefschreiber Johann Wanner gar um Hilfe bei der Suche nach ihren Wurzeln, nach Spuren ihrer Schweizer Vorfahren. Immer mehr Amerikaner kommen aber auch selbst vorbei, um in dem das ganze Jahr über geöffneten Weihnachtsladen Original Wannerschen Baumschmuck einzukaufen. Und natürlich kommen auch Schweizer, Deutsche, Österreicher, Engländer, Franzosen und Italiener in Scharen. Die Japaner haben das Geschäft, obwohl Weihnachtsschmuck ihrer Kultur eigentlich fremd ist, soeben entdeckt.

Aber, so Johann Wanner plötzlich, Gott behüte, man bleibt natürlich ein ganz normaler Mensch, man kriegt nicht plötzlich dumme Allüren, auch wenn man Weihnachtsmann ist.

Aber wenn man Weihnachtsmann ist, schleppt man offenbar einen ganzen Sack voll Nüsse mit sich herum, die keiner knacken kann. Man ist ein Geheimnisträger. Über seine Umsätze redet Johann Wanner nicht, darüber dürfen die Wirtschaftszeitschriften nur spekulieren: 20 Millionen Franken im Jahr? Oder 30 Millionen? Auch heute lächelt der Weihnachtsmann über solche Fragen nur mild und schweigt. Kundennamen? Keiner kommt ihm über die Lippen. Prominente Namen hütet er, als handle es sich um die Inhaber von Schweizer Nummernkonten: »Ein Weih-

nachtsbaum ist etwas sehr Persönliches. Meine Kunden verlangen zu Recht Diskretion.« Freilich wissen Journalisten-Quellen – unbekannt – zu berichten: die Grimaldis, Fürstenfamilie in Monaco, die Windsors, Königsfamilie zu Britannien, die Hohenzollern, preußisches Deutschland, usw. gehören unter anderem zum blaublütigen Kundenkreis. Nie würde Johann Wanner verraten, welcher hochberühmte Mann da jedes Jahr zu Weihnachten seiner Geliebten einen Liebesbaum voller Liebessymbole schickt. Schließlich könnte das der Gattin des Kunden mißfallen. Über diese und andere Geschäftsvorgänge berichet der Basler nur in der unverbindlichsten Anekdotenform. So bleibt auch die Milliardärin anonym, die sich stets einen Weihnachtsbaum passend zum Abendkleid gestalten läßt.

Nur was ohnehin öffentlich ist, darf an die große Glocke: Wenn es in einer TV-Seifenoper glamourös weihnachtet, dereinst etwa bei den legendären Clans in Denver oder Dallas, spielt meistens eine luxuriöse Wannersche Baumkreation eine Star-Rolle. Wanner-Schmuck hängt auch am großen Christbaum im Weißen Haus in Washington, an Bäumen in den nobelsten europäischen Hotels, in Luxuskaufhäusern, diplomatischen Vertretungen und in historischen Palästen wie dem Spencer-Haus in London.

Kann solch überragender geschäftlicher Erfolg rein sachlich-ökonomisch begründet sein? Gehört nicht immer auch eine überzeugende Philosophie dazu? Oder, der Idealfall, der harmonische Dreiklang von Unternehmer, Produkt und Überzeugung?

Beim Schweizer Dekorations-Tycoon fügt sich alles weihnachtlich und fast wundersam. Weihnachten ist nicht nur Grundlage seines Geschäfts, sondern auch alles bestimmende Konstante seines Lebens. Der Baumverzauberer hegt zu Weihnachten eine innige, von wunderbaren Erinnerungen und humanitären Idealen getragene Beziehung.

Zutiefst überzeugt vom wertvollen Sinngehalt und der biblischen Botschaft des Fests, fühlt er sich, wie er sagt, »der Weihnachtsmoral ganzjährig verpflichtet«. Und er wähnt sich, zumal Kenner der weihnachtlichen Festgeschichte, berufen, die Traditionskultur zu fördern und zu bewahren.

«Heiligabend«, sagt er, »bin ich heute als Erwachsener genauso begeistert, wie ich's als Bub war.« Und er setzt auf gut Baslerisch hinzu: »Ich bin ein Weihnächtler.« So, wie er ohne jede Scheu über seine romantische Liebe zu Weihnachten spricht, so arglos, ehrlich und natürlich äußert er diese Empfindungen auch in seinem Weihnachtsschmuck und mit seinen Weihnachtsbäumen.

Kinder sind ihm die liebsten Kunden: »Wenn sie Christbaumschmuck aussuchen, kombinieren sie immer ganz intuitiv die herrlichsten Farben und Formen.« Manchmal, gibt er zu, werden ihm die Augen feucht vor Freude, wenn ein Kind fassungslos vor Entzücken in seinem Geschäft steht. Oder wenn einem Erwachsenen angesichts eines Schmuckstücks, das ihn wohl an die Kindheit erinnert, plötzlich eine Träne über die Wange kullert: »Die Kunden bleiben in diesem Geschäft einfach nicht unberührt.« Auch der Chef nicht. Vielmehr kennt

er die seltsamen inneren Bewegungen, die seine Dekorationen auslösen, selbst nur zu gut. Und er geniert sich ihrer nicht.

Nein, Weihnachtsschmuck ist keine x-beliebige Ware, auch wenn sie markttechnisch und nicht immer zutreffend der Gattung »Kunsthandwerk« zugeordnet wird. Ein Zierstück für den Weihnachtsbaum kann ein Kunstwerk sein und laienhafte Bastelei, ein Stück Zucker oder reinstes Gold. Weihnachtsschmuck verbietet sich üblichen Kategorisierungen und kritischen Betrachtungen. Was der Weihnachtsbaum trägt, rangiert außerhalb des Nützlichkeitsdenkens: eine gefühlsbetonte Sache für sich.

Johann Wanner ist ein guter Erzähler. Und er hat nie den Faden zur Vergangenheit verloren. Wenn er warm vom Weihnachtsfest seiner Kindheit in einem Basler Bürgerhaus spricht, dann zieht er den Zuhörer mit in diese traute Weihnachtsstube, in der sich die Eltern mit sechs vor Aufregung zappeligen Kindern um den großen Weihnachtsbaum scharen und gemeinsam Weihnachtslieder singen. Gespannt schauen wir zu, wie ungeschickte Kinderhände Geschenke auspacken. Johanns altes Spielauto, frisch angestrichen, was für eine Freude, der schiere Luxus! Sonst lagen doch immer nur einfache, nützliche Gaben unter dem Weihnachtsbaum, Mützen und Socken.

Und wie es Johann liebt, wenn der Vater am Weihnachtsbaum Geige spielt! Aber am allerschönsten findet er jene Minuten, wenn er, der Älteste, vor der versammelten, andächtig lauschenden Familie die Weihnachtsgeschichte liest, während im Ofen das Holz knistert.

Zu des Erwachsenen Lieblingserinnerungen gehören die Düfte von Mandarinen und Anis; diese Wohlgerüche rufen schöne Bilder in ihm wach: verlöschende Kerzen, verschneite Tannen in einer sternenklaren Winternacht. Oder auch

Blick vom Basler Rathaus auf die weihnachtlichen Lichterbögen der Freien Straße.

die Szene, die sich ihm tief einprägte: Einst fragte ihn sein Vater, was er sich vom Christkind wünsche. Johann schnell und sehnsüchtig: »Einen ganz, ganz schönen Weihnachtsbaum!«

Gewiß beginnt also hier in diesem Basler Haus das romantische Weihnachtsmärchen vom Basler Weihnachtsmann, den die Kinder hier auf Baseldytsch »Santiglaus« nannten. Johann, erster von sechs Geschwistern, wurde am 11. Januar 1939 in der Schweizer Rheinstadt geboren. Der Vater war Buchbinder, die Mutter Hausfrau.

Väterliche Werkstatt und Wohnräume lagen in diesem Haus Wand an Wand. Der kleine Johann liebte seine Familie und ihre Lebensart – dieses natürliche, selbstverständliche Miteinander von Arbeiten und Wohnen. Heute lebt der große Johann nicht anders. Seine hübsche Wohnung, voll alter Dinge wie ein Museum, liegt direkt über seinem Weihnachtsgeschäft.

Der Vater war belesen und musikalisch, ein Kunstfreund, der dem Sohn die Freude am Schönen und Echten vererbte wie die Abneigung gegen das Künstliche, Unehrliche. Erst wollte Johann Musiker werden, dann lernte er aber doch Kaufmann, beschäftigte sich mit Sprachen und Kunstgeschichte.

Er war 23 Jahre alt, als ihn das Reisefieber packte. Nun begann das Kapitel »Abenteuer« in seinem Lebensroman. Zwei Jahre bereiste er die Welt. Ein Jahr verbrachte er im Orient. Er lebte dort bei Beduinen und befaßte sich mit arabischer und – seine spezielle Vorliebe – altägyptischer Kunst. Und er lernte auf seinen Reisen Arabisch, Türkisch, Französisch, Englisch und Italienisch.

Wieder daheim, beeindruckt von der orientalischen Kultur und beflügelt von dem allgemeinen Faible für Altertümer, eröffnete er 1964 in der Basler St. Johannis Vorstadt ein Antiquitätenge-

schäft, mit dem er fünf Jahre später an den Basler Spalenberg umzog. Schon bald, in einer geschäftlichen Flaute, entdeckten die Kunden eine Besonderheit in seinem Sortiment, eine Rarität: alten Weihnachtsschmuck. Zunächst verkaufte er Originalobjekte und sammelte selbst alte Original-Blasformen für gläsernen Christbaumschmuck. Dann, auf dem Höhepunkt der damaligen Nostalgiewelle, beauftragte er immer mehr Glasbläser-Werkstätten in Thüringen, Nordpolen, Böhmen und im tschechischen Gablonz, in Originalformen Glasschmuck zu blasen. Die nostalgischen Objekte verkauften sich bestens. Und dann, nachdem er sein eigenes gestalterisches Talent entdeckt hatte, begann er, selbst zu entwerfen, den Produzenten Farben und Muster vorzugeben und eigenhändig Weihnachtsbäume zu schmücken, deren Pracht die werte Kundschaft hell begeisterte. Wanners Weihnachtshaus wurde zur ersten Adresse für feinen Weihnachtsschmuck – weltweit.

Heute beschäftigt das Unternehmen Wanner mit seiner Hauptniederlassung in der Schweiz und der deutschen Tochter in Lörrach nebst Mitarbeitern in der Firmenadministration einen Stab von Designern und Dekorateuren. Wanner gilt weltweit als Marktführer »im Marktsegment mundgeblasener Weihnachtsschmuck«, wie es im Fachjargon heißt. Das freut ihn natürlich. Aber noch mehr freut ihn, sagt er, daß er als Retter des alten deutschen Kunsthandwerks des Christbaumkugelblasens Kulturgeschichte geschrieben hat. 1991 erhielt er für seine Verdienste um die Renaissance alten Weihnachtsschmucks den Designer-Preis des Smithsonian Instituts in Washington. Diese größte und renommierteste amerikanische Institution zur Kulturförderung verlieh ihm dabei, von der üblichen Ernsthaftigkeit abweichend, scherzhaft den Titel eines »Weihnachtsmanns ehrenhalber«.

1200 Geschäfte führen heute Wanner-Christbaum-Schmuck, der überall dort hergestellt wird, wo man sich traditionell auf ein speziell für Weihnachtszierrat wichtiges Handwerk gut versteht. In China beispielsweise werden Wanner-Seiden- und Brokatbänder gewebt. Und nach wie vor entstehen in den Glasbläser-Regionen Osteuropas Wanner-Christbaumkugeln.

Doch all das macht noch keinen Medienstar. Die ganz große Publicity kam im Schlepptau unbeabsichtigt spektakulärer Aktionen: Als Wanner vor einigen Jahren die ersten komplett dekorierten Christbäume aus Basel via USA verschiffte, sorgte das für enormes Aufsehen: Was für eine absonderliche Idee! Wer kann sich so einen Baum leisten? Wie überstehen die fragilen Gebilde die Reise? Wanner lieferte und liefert seine Kreationen an jede denkbare Adresse, zu Wasser, zu Lande und in der Luft. In Beverly Hills oder Palm Springs wirkt ein Wanner-Baum heute so prestigefördernd wie ein Kleid von Lagerfeld.

Damit nicht genug. Der Schweizer Kreateur hat das Christbaumschmücken zu einer Kunst erhoben, die Professionalität voraussetzt. Geschäfte und Privatkunden in aller Welt folgen alljährlich zu Weihnachten dem Wanner-Trend, will heißen: einer ganz bestimmten, jedes Jahr neuen Art, den Baum zu dekorieren. Wenn Christbäume wie auf einen geheimnisvollen Befehl an einem Weihnachtsfest auffallend häufig lila schillern, am anderen schwarz und gold, wenn sie einmal silberne Noblesse ausstrahlen und dann wieder glühen wie ein rotes Flammenmeer, dann steckt meistens der Schweizer Weihnachtsmann dahinter, der Trendmacher der Branche, der Meister der Effekte und Novitäten. Schon im Frühjahr veröffentlicht Wanner stets seinen Trendbrief, in dem er verrät, welches Tannenkleid in der kommenden Saison »dernier cri« ist. Dabei können Farbkombinationen im Vordergrund stehen, aber auch bestimmte Formen, folkloristische Stilrichtungen und Stoffe. Mal wirkt das Ergebnis eher traditionell, dann wieder mutig avantgardistisch.

Natürlich sind seine Ideen kein Dogma, aber die Branche weiß aus Erfahrung, daß Wanner einen untrüglichen Sinn für den jeweils zeitgeisttypischen Weihnachtszauber besitzt. Während Konkurrenten noch auf der Stelle treten, steht er schon mit einem Bein in der Dekorationszukunft. Wer seinen Look mißachtet, riskiert also, den Zeitgeschmack falsch zu interpretieren.

Wenn Wanner heute, mitten in seinem Weihnachtsreich, en detail seine Kreationen erläutert, dann klingt's, als doziere der führende Modeschöpfer über die neueste Haute Couture. Da wird der Baum zur Majestät und der Christbaumschmuck zur festlichen Robe. Er sei ein gottgläubiger Christ, sagt Wanner auch, aber der Weihnachtsbaum sei kein christliches Heiligtum, sondern ein altes, im Grunde vorchristliches Opfersymbol. Indes setze schon der gute Geschmack dem unbekümmerten Spiel mit der Dekoration enge Grenzen. Frech darf die Zier sein, meint der Meister, aber Frivolitäten, nein, dergleichen käme ihm nie auf einen Baum. Nimmermehr würde es ihm einfallen, traditionelle Holzfiguren aus dem Erzgebirge oder den Nürnberger Rauschgoldengel umzustylen. Das Christkind in der Krippe sei ihm so lieb und wert, daß er es als Dekorationsobjekt grundsätzlich nicht verwendet: »Krippenfiguren finden Sie bei mir nicht.«

Bleiben noch zwei Fragen an den Weihnachtsmann: Wie feiert er selbst Weihnachten? Wie sieht sein eigener Weihnachtsbaum aus? Johann Wanners Augen gewinnen an Glanz, er lächelt: »Mein Baum ist ein kunterbunter Kinderbaum.« Heiligabend feiert er vor seinem herrlichen Kindertraum das Ende eines arbeitsreichen Jahres. Und wenn die Bratäpfel im eisernen Backofen karamelisieren und die Mandarinen auf der festlich gedeckten Tafel duften, dann besinnt er sich gemeinsam mit seiner Weihnachtsfrau und mit seinem Sohn auf das große Glück, das ihnen dieses Fest beschert hat.

DAS IMMER-GRÜNE, IMMER NEUE WEIHNACHTS-WUNDER

VOM URSPRUNG DES CHRISTBAUMS, VON ZEITEN UND MODEN

Der Weihnachtsbaum war mütterlich geschmückt,
Die Kinder harrten mit Verlangen,
Und das Ersehnte wird herangerückt,
Das holde Fest wird glanzvoll früh begangen.
Was Kinder fühlen, wissen wir nicht leicht.
Johann Wolfgang von Goethe

Mit dem Christbaum ist es wie mit dem Rad, das immer wieder neu erfunden wurde und immer nur Rad war. Christbaum-Moden kamen und gingen und mit ihnen Kitsch, Kunst und Kuriositäten. Und waren die Experimente noch so gewagt – die gute alte Tradition hat alles spielend, ja man kann sogar sagen mit zunehmendem Spaß an der Christbaumfreude, verkraftet. Manche Kritiker der heutigen dekorativen Vielfalt meinen ja, der unbekümmerte Umgang passe nicht zum Weihnachtsbaum. Dem kann man nur entgegnen: Alles schon mal dagewesen, falsche Tabus und historische Irrtümer eingeschlossen.

Gestehen wir auch gleich: Mit dem Begriff »Christ«baum, dieser einzigen sprachlichen Alternative zum »Weihnachtsbaum«, tragen wir zur Verbreitung eines Mißverständnisses bei. Wir wollen ihn ja auch nicht umbenennen, obwohl wir gute Gründe dafür hätten: Der Christbaum mag zu mancherlei Definitionen berechtigen, zum frommen religiösen Symbol taugt er jedoch am allerwenigsten. Ob es uns paßt oder nicht – es stecken mehr heidnische Mysterien in ihm als Nadeln an ihm: Dämonenglauben, Abwehrzauber, Opferrituale, Fruchtbarkeitsmythen. Zwar schimmert zwischen den Zweigen auch ein Zipfel vom christlichen Paradies. Peinlich nur, daß just da Eva provozierend nach dem Apfel greift und die Geschichte von der süß lockenden Versuchung anzettelt. Zuerst jedoch ist unser Weihnachtsbaum ein schwer mit menschlichen Gefühlen bepacktes Wesen, ein manchmal fast überforderter Hoffnungsträger, fröhlich und still zugleich, kindlich und familiär. Seltsam vor allem, welch naive Sehnsüchte nach vergangenen Zeiten er in den nüchternsten Zeitgenossen zu wecken vermag.

Ach, wie war das früher noch urgemütlich und traulich! Das süße Naschwerk am Baum, die Pfefferkuchenherzen! Anno dazumal – für uns heißt das: Weihnachtsromantik pur! Unsere nostalgische Schwärmerei von vergangenen Festen und leuchtenden Baumwundern zehrt von tausend wunderbar lieben Dichterversen, von zahllosen herzbewegenden Sagen und den immer ein bißchen wehmütigen Schilderungen unserer Eltern, Großeltern und deren Eltern. Unser Gemüt nachhaltig beeindruckt haben auch jene entzückenden Bilder, wo ein artiger Bub im Matrosenanzug und ein kleines Mädchen mit blonden Zöpfen den Lichterbaum bestaunen. Darunter stehen für das brave kleine Hänschen ein Schaukelpferd und für Schwesterchen Grete eine Puppenstube. Natürlich denken die Geschwister, das Christkind habe ihnen den Baum gebracht, als es im leider verschlossenen Wohnzimmer so geheimnisvoll raschelte. Aber am Werk war da natürlich Mama, die treue Hausfrau, die für ihre geliebten Kinder den Baum mit Äpfeln, Nüssen, Süßigkeiten und allerliebsten Holzpüppchen behing, während das Dienstmädchen in der Küche die Gans vom eisernen Haken nahm, den Vogel rupfte, würzte und mit Äpfeln füllte.

Soweit die Schilderungen einer typisch städtischen deutschen Bürgeridylle der wilhelminischen Jahre, der sogenannten Gründerzeit. Deren Idealszenen und Kinderspielsachen sind elementare Bestandteile unseres nostalgischen Traumbilds eines Weihnachtsabends. Ähnlich wie die Berghütten im Schneegeglitzer und die verschneiten nächtlichen Wälder. Durchs Weihnachtsdesign purzeln noch heute die typischen Pferdchen und Puppenhäuser, die Trommeln und Hampelmänner der Gründerjahre. Merkwürdig nur, daß die (un)selige Kaiserzeit sonst ja keineswegs als stilprägende Epoche imponiert.

Aber warum ist das so? Warum sehen ausgerechnet Schaukelpferde so hübsch weihnachtlich aus? Fast könnte man annehmen, daß Weihnachten und der Weihnachtsbaum vorher oder nachher kaum der Erinnerung wert waren.

Vor der Geschichte des Weihnachtsbaums steht man ähnlich ratlos da wie der Analphabet vor Goethes Werken. Wie lernt er sie lesen und für sich Schlüsse daraus zu ziehen? Im Grunde wissen wir ja beschämend wenig über Herkunft, Sinn und Symbolik des geschmückten Baums, obwohl er Weihnachten millionenfach im Zentrum innigster Gefühle steht. Seine Geschichte wird meist in' wenigen Sätzen etwa so abgehandelt: »Es gibt nur wenige Dokumente. Vermutlich existiert er höchstens einige hundert Jahre. Im Biedermeier kam er erst richtig auf«. Halb wahr, halb falsch. Diese Altersvermutung trifft, wenn überhaupt, nur auf die heutige Gestalt des Weihnachtsbaums zu. Vor allem aber hilft sie überhaupt nicht bei der Erforschung der von jeher obskuren Seelenzustände, die er herbeizaubert.

Um unser Gefühlsgeheimnis zu lüften, müssen wir wohl oder übel in vorchristlichen Kulturen auf Spurensuche gehen. Da, in einem verschneiten Urwald, in einer jämmerlich primitiven Hütte, finden wir bereits einen grünen Büschel, der uns sehr bekannt vorkommt. Ist das nicht merkwürdig? Der Weihnachtsbaum scheint, jedenfalls in seiner Urform, viel älter zu sein als das Weihnachtsfest! Denn der Brauch, sich immergrüne Pflanzen mittwinters ins Heim zu holen, war längst verbreitet, ehe das Christkind im Stall zu Bethlehem geboren wurde. Schon die Germanen pflegten ihre Behausungen in den dunkelsten Frosttagen mit grünen Reisern zu beleben: Zeichen der Hoffnung auf den Frühling und magisches Mittel, die keimende Natur heraufzubeschwören und böse Dämonen zu bannen. Bezüglich der Zuverlässigkeit der Götter, den Wechsel der Jahreszeiten pünktlich zu vollziehen, herrschte in den germanischen Dörfern stets eine gewisse Skepsis. Pflanzen wie etwa Misteln, die frühlingsgrün dem tödlichen Frost trotzten, besaßen nach germanischer und römischer Vorstellung kälte-

vertreibende Hexenkräfte. Den Druiden dienten sie – man weiß das auch von Asterix und Obelisk – als Zutat für Zaubertrank und als Orakel.

Da der mysteriöse Glaube an die Macht des Immergrüns im Mittelalter fortan prächtig gedieh, hingen auch in späteren, frühchristlichen Jahrhunderten in den Rauhnächten um Weihnachten die heidnischen Zauberbesen in den Stuben. Verkehrt herum, also mit der wurzel- oder stammabgewandten Seite nach unten von der Zimmerdecke baumelnd, sollten sie nach bewährter Methode Gefahren für Haus und Mensch abwehren. Um in puncto Geister auf Nummer Sicher zu gehen, verfuhren unsere mittelalterlichen Vorfahren bald nach dem Motto »mehr hilft mehr« und schleppten ganze Büsche und Bäume in die Häuser. Es ist anzunehmen, daß ihnen das Grünzeug dann bald verschönerungswürdig vorkam, so daß irgendeine Hausfrau ein Äpfelchen oder gar ein buntes Band dransteckte. Sah das nicht flotter aus als ohne? Offenbar schon, denn ihre Nachbarin ahmte das schnell nach; und deren Nachbarin guckte die Mode bei ihr ab ...

Zugegeben, die Nachbarinnen sind reine Spekulation, erhalten ist aber bis heute das Aufhängen des Baums als historisches Charakteristikum in östlichen Regionen Deutschlands. Ursachenforscher begründen dies mehr mit traditionell praktischen und weniger mit mittelalterlich heidnischen Motiven. So ein Deckenbäumchen verstellt nun mal nicht die halbe Stube, und man kann die Nadeln bequem darunter wegfegen. Aber wandert der Blick nicht gern zu dem hoch, was man ehrt? In den Städten ließ man das Aufhängen jedenfalls erst, als die Bürgerhäuser hohe Räume und prächtige Stuckdecken bekamen. Hätte man den Baum da noch angebracht, wäre er etwas komisch in luftiger Höhe gebaumelt, der Putz hätte womöglich Schaden genommen, und bei einem Brand hätte man zum Löschen eine Leiter erklimmen müssen.

Aber zurück zum Weg der Weihnachtsbaumtradition, den man sich als Zickzackkurs vorstellen muß, der sich mal dahin und dorthin verzweigt und zwischendurch völlig im Nebel verschwindet. Der allererste handfeste Beleg für die Existenz eines richtigen Weihnachtsbaums datiert aus dem 15. Jahrhundert. Aus einem Dokument der mindestens seit 1419 existierenden Freiburger Bruderschaft der Bäckerknechte geht hervor, daß diese im örtlichen Heilig-Geist-Spital an Weihnachten einen mit Äpfeln, Birnen, Oblaten, Lebkuchen, Flittergold, gefärbten Nüssen und Papierschmuck behängten Baum aufstellten. Nun schließt jenes frühe Zeugnis eine vorherige historische Existenz der Sitte nicht unbedingt aus. Vieles spricht aber dafür, daß der Weihnachtsbaum in seiner heutigen Gestalt tatsächlich in der Gegend des Oberrheins, um Straßburg, Freiburg und Basel, seine Premiere erlebte.

Mit von der Partie waren von Anbeginn kommerzielle Interessen. Bedenkt man, daß die Bäckerknechte zu den frühesten Weihnachtsbaumfans gehörten und daß zunächst vor allem Zuckerzeug das süße Dekor abgab, dann liegt der Verdacht nahe, daß die Branche den Festbaum aus der Taufe hob und kräftig förderte.

Die im Elsaß nachweislich schon vor über 500 Jahren existierende Gepflogenheit, zur »weyhenacht« ein Schmuckbäumchen aufzustellen, faszinierte auch Ortsfremde. Den ersten Bericht über einen weihnachtlichen Festbaum danken wir jedenfalls einem unbekannten Touristen, der 1604/1605 das Elsaß bereiste und in sein Reisetagebuch notierte: »Auf Weihnachten richtet man

Der Werdegang eines Weihnachtsbaums, dargestellt auf Werbebildern (um 1895) des Fleischextrakt-Fabrikanten Liebig: Pflanzen, Schlangen, Verkauf, Schmücken, Weihnachtsabend – und schließlich: Abblümen.

Dannenbäum zu Straßburg in den Stuben auff, daran henckt man roßen aus vielfarbigem Papier geschnitten, Äpfel, Oblaten, Zischgold, Zucker. Man pflegt darum ein vierekent Rahmen zu machen.« Rechnungen aus der Zeit von 1597 bis 1669, gefunden im oberelsäßischen Türkheim, belegen Ausgaben für Weihnachtsbaumschmuck, und zwar für Äpfel, Hostien, Fäden und buntes Papier. Wahrscheinlich standen die Bäume in Sälen oder Zunftstuben.

Unser Weihnachtsbaum hatte in seinen Anfangsjahren also einen halböffentlichen und gesellschaftlichen Stellenwert. Zweifellos ist er ein typisches, zu Beginn seiner Karriere ungemein mondänes Stadtkind. Unwahrscheinlich, daß zu Anfang des 15. Jahrhunderts eine Privatperson mittleren Standes ein aufwendiges Weihnachtsfest für sich und die Familie zelebrierte und dafür einen Baum aufputzte. Der Mensch als Individuum hatte in der geistigen Welt des Mittelalters noch keinen Platz; er galt nur innerhalb einer Zunft, einer Gilde oder Bruderschaft – Vereini-

gungen, die sich ab dem frühen Mittelalter in den Städten bildeten. Nur in der anonymen Sicherheit eines »Vereins« konnte man wohl ohne Sorge um negative Folgen etwas anstellen, was der höchsten Autorität, der Kirche, absolut nicht behagte. Was sie sogar – und das war in den Zeiten der Hexenverfolgung kein harmloser Verdacht – mit Hexerei und unchristlichen Kulten in Verbindung brachte. Etliche Dokumente bezeugen eine groteske kirchliche Antipathie gegen den Weihnachtsbaum, der nach klerikaler Symboldeutung mit dem Fest der Geburt Christi mitnichten zusammenging. Um vom Christenvolk moralischen Schaden abzuwenden, versuchte man, das archaische Corpus delicti auf dem Verbotswege aus der christlichen Weihnachtswelt zu räumen. Mancherorts wurden deshalb die Weihnachtsmärkte einfach verboten, wo die Weihnachtsbäume stets zum Sortiment gehörten. Interessanterweise besagte im Elsaß ein spätmittelalterliches Dekret, daß jede Person Weihnachten nur einen einzigen Baum im Wald schlagen durfte. Kann es

sein, daß die Leute den Kult mit dem Weihnachtsbaum so übertrieben, daß den Wäldern im Dezember die Plünderung drohte? Kaum anzunehmen. Wahrscheinlicher ist, daß man hier vor allem aus ökonomischen Gründen versuchte, der Sitte einen Dämpfer zu verpassen. Auch die Kirchen waren ja Besitzer großer, wirtschaftlich bedeutender Waldflächen. Also hatten die Pfarrer wohl doppelten Anlaß, von den Kanzeln über den heidnischen Baumkult zu wettern. Wie wir von einem Straßburger Prediger namens Dannhauer wissen, mahnte er um 1650 die Gläubigen im Münster: »Unter anderen Lappalien, damit man die alte Weihnachtszeit oft mehr als mit Gotteswort ... zubringt, ist auch der Weihnachtsbaum oder Tannenbaum, den man zu Hause aufrichtet, denselben mit Puppen und Zucker behängt und ihn hernach schütteln und abblümen läßt ...Viel besser wäre es, man weihte die Kinder auf den geistlichen Cedernbaum Jesum Christum.« Vor allem in romanischen Ländern wie Italien, wo der Katholizismus tief verwurzelt ist, konnte sich der Weihnachtsbaum bis in unsere Tage nie gegen die Krippe, das traditionelle christliche Weihnachtssymbol, durchsetzen.

Erst gegen Mitte des 19. Jahrhunderts wagten die ersten progressiven Geistlichen, Christbäume zur Weihnachtszeit in die Kirchen zu stellen, freilich immer noch in der tiefen Sorge, damit heidnische, antichristliche Gefühle zu provozieren. Bis heute werden die Kirchenbäume bewußt zurückhaltend dekoriert. Entweder finden sich daran allein Kerzen zum Symbol für das Licht, das Christus in die Welt brachte, oder der Baum trägt Strohsterne, in denen sich zwei christliche Sinnbilder zu einem verbinden: Der Stern steht für den Stern von Bethlehem, das Stroh erinnert an das Stroh in der Krippe.

Die ersten Aufzeichnungen über die Existenz von Weihnachtsbäumen stammen aus einer Zeit, die den Beginn einer neuen, aufgeklärten historischen Epoche markiert, in der die Kirche einen Teil ihrer alten Machtfülle einbüßte. Hatte sich der Mensch des Mittelalters noch willfährig den Autoritäten untergeordnet, so begann er nun, sich als freies Individuum zu fühlen, das seinen Wert unabhängig von Glaubensbekenntnissen und den Verordnungen geistlicher und staatlicher Obrigkeit erkennt. Renaissance und Reformation waren dem modernen Weihnachtsbaum weit freundlicher gesonnen als das Mittelalter. Der Reformator Martin Luther ermutigte nun seine Anhänger, eigenverantwortlich und nur dem eigenen Gewissen verpflichtet zu handeln. Für den protestantischen Christenmenschen war nicht mehr der Papst, sondern Gottes Wort, die Bibel, die höchste Autorität. Wer lesen konnte, fand darin bei eifrigster Suche nichts, was der Sitte widersprach, das Fest von Christi Geburt mit einem geschmückten Baum zu verschönen. Um ja nichts falsch zu machen und seinen religiösen Überzeugungen optisch Ausdruck zu verleihen, konnte der gläubige Christ außerdem zu christlich-symbolischer Baumzier greifen. So versuchten vor allem norddeutsche Protestanten mit Engeln, Strohsternen, Krippenfiguren, Kreuzen und Oblaten das heidnische Relikt bewußt zu christianisieren. Sehr zum Spott mancher Katholiken, die den »Lutherbaum« und die dazugehörige »Tannenbaumreligion« zu komisch fanden.

Kirchliche Bemühungen, für den Weihnachtsbaum fromme historische Bezüge etwa zum »Paradiesbaum« herzustellen, haben die Gläubigen jedenfalls nie sehr überzeugt. Dieser Paradiesbaum gehörte im Mittelalter zu den damals üblichen weihnachtlichen Kirchenspielen. Bekannt ist, daß im Elsaß dafür Birken verwendet wurden, die man unter anderem mit geweihten Hostien behing. Bei den Spielen ging es aber nicht um die Geburt Christi, sondern um Adam und Eva und den berüchtigten Apfelbaum. Letztlich scheiterten die kirchlichen Missionierungsversuche beim Weihnachtsbaum wohl aus ganz profanen Gründen: Die drolligen kleinen weltlichen Schmuckstücke sehen einfach hübscher aus. Mit Bibelsprüchen, Kreuzen und Oblaten geschmückt, wirkt ein Bäumchen nun mal etwas traurig.

Erst nach dem Dreißigjährigen Krieg setzte sich der Weihnachtsbaum insbesondere in den höheren Kreisen durch. Damals scheint er vor allem ein Laubbaum gewesen zu sein, den man Weihnachten zum Grünen oder gar zum Blühen bringen wollte, Symbol der Hoffnung auf den Frühling und die Wiedergeburt nach dem Tod. Vorbild dafür könnten die sogenannten »Wintermayen« des Mittelalters gewesen sein, die man sich in manchen Gegenden am Barbaratag, dem 4. Dezember, gern in die Häuser holte, um der Heiligen zu gedenken und sich an Grünem, Blühendem und Frühlingshoffnungen zu weiden. Da sich aber trotz aller gärtnerischer Mühe Blüten und Blätter oftmals nicht einstellen wollten und das beileibe kein gutes Omen war, griff man bald wieder zum problemlosen Immergrün.

Selten nur fungierte eine Tanne als Schmuckträger. Besonders beliebt wurde im 17. und 18. Jahrhundert der Buchsbaum als Weihnachtsbaum, dem man ja schon im Mittelalter magische Kräfte nachsagte. Damals wie heute hat man in den Rauhnächten um die Wintersonnenwende gern alle möglichen geheimnisumflorten Dinge verwendet. Obendrein ist der Buchs eine ausgesprochen hübsche, kugelig barocke Pflanze, die, rundherum mit Zuckerzeug behängt, zauberhaft aussieht. Mit dem Buchs war es wie mit allem, was besonders schön und prächtig war: Man mußte zu den besitzenden Kreisen gehören, um sich's leisten zu können. Der Buchs-Weihnachts-

baum des Barocks, den man sich übrigens eigens für Weihnachten in großen Kübeln zog, war prächtig geeignet, die feine Lebenskultur eines gehobenen Stands zu repräsentieren. Noch 1800 wurden auf einem Berliner Weihnachtsmarkt in speziellen Buden Buchsbäume feilgeboten. In der Regel behängte man sie mit golden gefärbten Nüssen, Früchten, Papierblumen und Zuckerzeug.

Und die Kerzen? Die Lichter? Die fehlten dem Weihnachtsbaum leider noch. Bis etwa Mitte des 18. Jahrhunderts hatte er weder die Absicht noch die Möglichkeiten, alle Welt mit nächtlicher Magie, mit Geheimnis und Lichterzauber zu beeindrucken. Ganz wie ein großer, wundervoller Blumenstrauß fand er tagsüber seine Bewunderer. Es geschah wohl um die Mitte des 17. Jahrhundert, daß jemand erstmals Kerzen ans Bäumchen steckte. Wahrscheinlich gaben auch hier wieder die Adeligen den Ton an; die Bürger stimmten später mit ein. Sicher ist, daß man vor allem in den prächtigen Barockschlössern die herrliche Wirkung der Lichterbäume schätzte, wo die Kerzen in den Spiegeln und goldenen Ornamenten widerleuchteten, wo sie mit dem Gold um die Wette schimmerten und die Prunkräume effektvoll illuminierten. Wieder der alte Jammer: Die Angelegenheit machte schnell Furore, aber nur bei den gehobeneren Ständen. Für alle anderen, die ihre Stuben mit Talgfunzeln beleuchteten, waren Kerzen der reine Luxus. Ausgeschlossen, solche Kostbarkeiten nur so zur Freude an einen Baum zu stecken.

Weil ein Weihnachtsbaum mit einem gewissen materiellen Aufwand beschafft und aufgemacht werden muß, hat man ihn schon immer vor allem dort aufgestellt, wo viele Menschen gemeinsam das Fest feierten. Schon ab dem Mittelalter förderte er so die Sitte jener Weihnachtsfeiern, die bis heute beliebt sind. So, wie sich einst die Bruderschaften und Zünfte Basels um Weihnachtsbäume scharten, so treffen sich noch heute

Angehörige von Firmen, Vereinen und anderen Gruppen in der Vorweihnachtszeit zur fröhlich-besinnlichen Feier am Weihnachtsbaum. Selbst daran hat sich nichts geändert: Je größer die Gruppe, desto größer darf auch der gemeinsame Baum sein.

In den hochherrschaftlichen Gemächern reichte das Budget, soviele Weihnachtsbäume aufzurichten, wie die Familie Mitglieder hatte. Bis weit ins 19. Jahrhundert hinein standen die Säle in den Residenzen und Gutshöfen an Weihnachten voller Weihnachtsbäume. Und die Bescherung rund um die grünen Schönheiten wurde spannend inszeniert. Bei der Wittenberger Gutsherrenfamilie Kissling war es schon 1737 üblich, jeden Baum so auszustatten, daß er in einer bestimmten Beziehung zu einem Familienmitglied stand. Das Familienoberhaupt ordnete dann die Geschenke den jeweiligen Bäumen zu. Dann traten die Personen der Reihe nach ins Weihnachtszimmer und nahmen ihre Geschenke samt dem dazugehörigen Baum in Besitz.

Zur gleichen Zeit an anderen Orten hatte man von alledem noch keine Ahnung. Eine Berliner Zeitschrift, deren Spezialität erklärtermaßen die Berichterstattung über »merkwürdige Sachen aus dem Reich der Natur« war, zählte es noch 1754 zu den besonderen Merkwürdigkeiten, daß »manche Leute vergangene Weihnachten grüne Fichten in die Stube stellten, die sie mit vergoldeten Erdäpfeln schmückten, um den Kindern auf diese Weise die Gestalt von Paradiesäpfeln zu vergegenwärtigen«. Man erkennt daran, daß die Kommunikationstechniken noch nicht weit entwickelt waren. Was einem Berliner noch kurios dünkte, war in Basel schon seit Generationen Tradition.

Auch in Nürnberg berichtete der »Simplicianische Wundergeschichtscalender des Jahres 1795 von einem »Christkindlesbaum« wie von einem plötzlich aufgetretenen Wunder. Nach dieser Beschreibung stand das Objekt verzückter Betrachtung, ein Laubbaum wohl, in einer Nürnberger Stube in der Ecke, und seine Zweige waren so ausgebreitet, daß sie fast die Hälfte der Stubendecke bedeckten. Das spektakulärste daran war der Baumschmuck: »An allen Ästchen und Zweigen hiengen nun allerhand kostbare Konditor- und Zuckerwaren ... in großer Menge daran, so daß man unter diesem Baum wie in einem Speisgewölbe sich befand.« Eine »allerliebste schöne Taube« am Baum erinnerte den Autor an den Heiligen Geist. Außerdem entdeckte er das Christkind, die Jungfrau, Maria, Engel, Puppen und Tiere. Eine Besonderheit mutet uns heute, da wir die Vielfalt moderner Dekorationstechniken an den Bäumen bestaunen, schon sehr raffiniert an: Den Nürnberger Baum überzog ein Netz aus Bändern und Girlanden, an denen vergoldete Haselnüsse befestigt waren. Dazwischen leuchteten, schwärmte der Autor, »eine unzählige Menge Wachslichtlein, wie Sterne am Himmel«. Vermutlich war der Nürnberger kein Freund von Süßigkeiten, klagte er doch, seine kulinarischen Vorlieben aufzählend: »Es ist nur Jammerschade, daß nicht auch Schinken und Bratwürste und Schwartenmägen, Ochsenfüße nebst gebratenen Tauben dranhiengen.« Da schwingt keine Ironie mit – an einen Baum konnte man schließlich hängen, was gefiel, basta. Warum hätten auch Fleisch- und Wurstwaren, wie alles Eßbare von Gott gegeben, einem Weihnachtsbaum nicht zu Gesicht gestanden? Im übrigen scheint dieser Baum in einem Wirtshaus zur Freude der Gäste und damit auch aus Werbegründen installiert worden zu sein. So könnte man den Hinweis auch als eine Art frühe journalistische Gastronomiekritik verstehen.

Barocke Üppigkeit: Schleifen, Blumen und Vögel in zauberhafter Harmonie.

Wie in den meisten Modefragen, so dienten bei der Wahl des jeweils modischen Baumschmucks die Adeligen den Bürgern als Vorbild. 1816 gab es den ersten Weihnachtsbaum am Hof in Wien, 1830 in Berlin. Von Kaiser Franz Josef und seiner berühmten Sissi ist bekannt, daß sie Weihnachten in der Wiener Hofburg für jedes Familienmitglied einen Baum prächtig herausputzen ließen. Liselotte von der Pfalz (1652–1722) beschrieb als 56jährige in einem Brief an ihre Tochter die glücklichen Kindheitserinnerungen an die Weihnachtsfeste am Hof in Hannover: »Da richtet man Tische wie Altäre her und stattet sie für jedes Kind mit allerlei Dingen aus, wie neue Kleider, Silberzeug, Puppen, Zuckerwerk und alles mögliche. Auf diese Tische stellt man Buchsbäume und befestigt an jedem Zweig ein Kerzchen. Das sieht allerliebst aus.« In den Residenzen war ein beziehungsvoll-individueller Putz keine Seltenheit. So ist überliefert, daß etwa Napoleons Bruder, der König von Westfalen, Schenkungsurkunden in einen Baum hing. In den Schlössern dürften auch die ersten üppig mit Spielzeug behängten »Kinderbäume« aufgekommen sein.

Auf dem Land blieb der mit viel prächtigem Zierrat geschmückte Weihnachtsbaum lange unbekannt, auch wenn dort das winterliche Immergrün in kaum einem Haus fehlte. Zunächst verbreitete er sich in den protestantischen bäuerlichen Gegenden Norddeutschlands; erst in der Zeit des Biedermeiers hat er sich auch in der katholischen ländlichen Kultur durchgesetzt.

Letztlich waren es technische Erfindungen wie die Eisenbahn, wie Zeitungen, Postkarten und natürlich die verbesserten materiellen Lebensumstände der Städter und Dörfler, die dem Weihnachtsbaum zum Erfolg verhalfen. In den armen Gegenden des deutschen Ostens, etwa im Erzgebirge, ersann man alternative Lichterträger, wie die Weihnachtspyramide. Den Erfindern – Bergleute und zugleich begabte Freizeitschnitzer – ging es in erster Linie um das Kerzenlicht. Licht hatte in jenen Regionen, wo die Bergarbeiter tagein, tagaus in der Finsternis untertage beschäftigt waren, einen ganz besonders mystischen Stellenwert. Wo die Not am drückendsten war, leuchteten die Flammen immer auch für die Hoffnung nach einem besseren Leben ohne Sorgen um das tägliche Brot.

Was wann und wo den Weihnachtsbaum schmückte, war stets das Ergebnis von Mode, Stand, Besitz und persönlichen Vorlieben. Auf jeden Fall mußte der Zierrat klein und leicht sein, denn er durfte ja die Zweige nicht beschweren. Wichtig war nicht nur das Aussehen des Bäumchens. Auch der symbolisch sinnhafte Gehalt des Behangs spielte immer eine Rolle. Vorzugsweise verwendet wurden alle Materialien, die glänzten, flitterten und das Kerzenlicht auf attraktive Weise reflektierten. Letztlich ist kaum ein den Menschen irgendwie sympathisches Objekt oder Subjekt denkbar, das nicht schon in Miniaturform an den Baum fand. Der norddeutsche Dichter Theodor Storm beispielsweise berichtet von entzückenden Dingen aus Marzipan, von Himbeeren und Erdbeeren. An Eichhörnchen in halber Lebensgröße gefielen ihm besonders die klugen Augen und der erhobene Schweif. Andere Autoren des 19. Jahrhunderts schwärmen von Bäumen mit Feigen, Rosinen und Pflaumen, mit saftigen Trauben, Äpfeln und Birnen.

In den einst von Deutschen besiedelten Gebieten Osteuropas trugen die Zweige häufig auch Plätzchen, Kokosmakronen und Zimtsterne. In Westfalen kannte man den Nußbaum; man klemmte dort früher kleine braune Haselnüsse an die Zweige. In der Pfalz, in Rheinhessen und im Spessart war dagegen der Zuckerbaum lange üblich. Süßes Gebäck hing in den letzten 150 Jahren vor allem dort am Weihnachtsbaum, wo man kleine Naschkatzen damit besonders begeistern konnte, weil sie die Leckereien das ganze Jahr über entbehren mußten. Besonders beliebt und verbreitet waren Süßwaren aus Tragant,

Vor allem in den zwanziger Jahren hochmodern: elegante Glasvögel mit Glasseidenschwänzen.

einer dem Marzipan ähnlichen gallertartigen Zuckermasse, die sich leicht zu kleinen Figuren modellieren ließ. Alle möglichen eßbaren Dinge erfreuten sich vor allem bei der Landbevölkerung großer Beliebtheit, etwa Lebkuchen, Rosinen, Äpfel und Kastanien. Seit dem 18. Jahrhundert haben sich Eltern auch immer wieder bemüht, den Weihnachtsbaum mit Objekten zu behängen, denen ein gewisser erzieherischer Wert zukommt. So etwa gefärbten Äpfeln, die den Kleinen die biblische Paradiesgeschichte vergegenwärtigen sollten. Oder Puppengeschirr, mit dem man die Mädchen auf ihre zukünftige Hausfrauenrolle spielerisch vorbereitete. Da der Baumbehang oft zugleich Weihnachtsgeschenk war, sah der Christbaum in vielen Familien schon nach der Bescherung ziemlich zerzaust aus und wurde sogleich entfernt. Das Abräumen und Wegbrin-

gen war in manchen Gegenden aber auch ein festes Ritual. Oft durfte das Bäumchen erst am Neujahrstag »abgeblümt«, das heißt kahlgefuttert werden.

Stets spiegelte der Christbaumschmuck den Zeitgeist. Waren die Zeiten kriegerisch, war er es auch: Dann strotzte der Baum vor Trommeln und Soldaten. Kamen komfortablere Tage, durfte der Behang prunkvoller sein. Problemzeiten sorgten für sparsameren Putz, dessen Hersteller immer auch die technischen Möglichkeiten für optische Effekte nutzten, so gut es eben ging.

Erst im 19. Jahrhundert, in der Zeit des Biedermeiers, erhielt der Baum seine familiär-gemütvolle Note. Da rückte das Weihnachtsfest zum zentralen deutschen Familienfest auf. Ursache des Rückzugs in die schutzbietenden eigenen vier Wände waren die unsicheren Zeitläufte. Als die verfahrenen sozialen Zustände zu Streik, Aufruhr und Protest führten, als die Forderungen nach Veränderungen lauter wurden, während Handel und Industrie sich fortwährend ausbreiteten, suchte der zutiefst verunsicherte Stadtbürger sein seelisches Heil in den Idealen der Vergangenheit. Ein romantischer, schwärmerischer Lebensstil setzte sich durch. So etwas wie Weltschmerz kam in Mode, Dichtung und Kunst beschworen melancholisch-düstere Szenen. Manch einem unglücklich Verliebten wollte an den Weihnachtsfesten, die jene allgemeine Gefühlsstimmung ins Unendliche vertieften, fast das Herz brechen. Es begann die Zeit der Weihnachtsstille und der gutsituierten weihnachtlichen Wohltäter.

Der britische Autor Charles Dickens beschreibt auf unnachahmlich bewegende Weise die Konflikte und Sehnsüchte jener bittersüßen Weihnachtszeiten, die uns bis heute zu Tränen rühren. Damals entstanden die romantisch-traurigen Weihnachtsmärchen und Novellen, die von einsamen, armen, frierenden Kindern in kalten Winternächten erzählen. Wie wir wissen, nehmen viele dieser Geschichten, etwa das vom armen Mädchen mit dem Schwefelhölzchen, leider kein glückliches Ende. Autoren wie etwa der Märchendichter Hans Christian Andersen nutzten die sensible Gefühlslage phantasievoll zur melodramatischen Kritik an den sozialen Mißständen. Mit Sicherheit haben sie in den Herzen der Menschen viel bewegt und zu mehr sozialer Wärme beigetragen. Was wir heute noch als »deutsche Weihnachtsstimmung« bezeichnen, nährt sich hauptsächlich aus den damaligen Gefühlen und sozialen Konflikten. Der Mensch des Biedermeiers machte Weihnachten zum »Fest der Liebe«.

Wunderliche Sagengestalten, Zwerge und Drachen, Fabelwesen und Feen bevölkerten die Märchenwelt und die weihnachtlichen Biedermeierbäume. Die meisten Menschen verband eine theatralische Sehnsucht nach dem Übersinnlichen, dem Irrealen und einem augenfälligen Beweis, etwa einem Weihnachtswunder, das der Baum durchaus versinnbildlichte. Er fand nun in den Wohnzimmern, aber auch in den Salons und Bibliotheken seinen Platz. Vor der Bescherung spielte die Dame des Hauses auf dem Klavier, dem Modeinstrument dieser Zeit, ein Weihnachtslied. Die Bäumchen thronten meistens auf Tischen, noch gab es keine Baumspitze. Das Zuckerzeug am Baum wurde jetzt größer, letzter Schrei waren die in Formen gepreßten »Springerle«, die, weil Rokoko »in« war, gern mit Eierzuckermotiven aus dem Rokoko verziert wurden. Dazu kam noch aller andere erdenkliche, der Formenmode des Biedermeiers entsprechende Zierrat: Herzen, Kringel, Blumen und Vögel, die in etwa so aussahen, wie wir das von den Poesiealben kennen. Der industriell gefertigte Baumschmuck kombinierte schon vielerlei Materialien wie Wachs, Metall, Stoff, Draht, Watte und Pappmaché. In Mode waren auch Wachsengel, speziell die Nürnberger Rauschgoldengel, und: die ersten gläsernen Chrisbaumkugeln!

Ihre Vorgänger, schaumgoldüberzogene Lehmklumpen, drückten mit ihrem Gewicht die Zweige so nach unten, daß der Baum gar traurig die Flügel hängen ließ. Nun aber kamen die ersten leichteren gläsernen Varianten auf den Markt. In einem Auftragsbuch des Jahres 1848 im thüringischen Lauscha werden erstmals gläserne Christbaumkugeln erwähnt. Noch waren sie aber nicht so federleicht wie heute, sondern aus schwerem Glas und mit einem Messingaufhänger versehen.

In den Städten kamen nun mehr und mehr die Weihnachtsmärkte in Mode, die manchorts, wie etwa in Nürnberg, schon seit dem Mittelalter vor den Kirchen ihre weihnachtlichen Waren feilboten, manchmal auch, wie aus Dresden überliefert, bereits fertig geschmückte Bäume. Auf diesen Märkten kauften Stadtbewohner auch ihren Weihnachtsschmuck. In den Dörfern mußte man ihn selbst basteln.

*Bäumchen aus gefärbten
Truthahnfedern (um 1870)
für die Puppenstube in
Originalgröße.*

Am prächtigsten gedieh der Weihnachtsbaum in den optimistischen Gründerjahren, als erste Erfolge der Industrialisierung und aufsehenerregende Erfindungen zu einigen Hoffnungen auf eine glänzende Zukunft berechtigten. Doch inmitten allen Fortschritts und dem Vertrauen an die Wissenschaft wurde im letzten Drittel des 19. Jahrhunderts ein neuer Aberglaube geboren.

Als sich Spiritismus und Gesundbeterei in rasender Eile verbreiteten, war plötzlich klar, daß alter Geisterglaube alle naturwissenschaftlich-sachliche Aufklärung munter überlebt hatte. Jetzt fanden sich vor allem intellektuelle Kreise zu seltsamen Geisterbeschwörungsritualen zusammen. Namentlich in der »magischen« Weihnachtszeit hatten die schicken Seancen bei den Damen Hochsaison. In der Kaffeesatzleserei feierte die mystische Orakelkunst fröhliche Urständ. Das Unerklärliche wurde wissenschaftlich verbrämt. Zeitgeist-Journale, deren neueste Nummer stets sehnsüchtig erwartet wurde, heizten den Spleen mit Reportagen und Berichten über die jüngsten Gespenstererscheinungen kräftig an.

Die biederen Hausfrauen-Postillen verwandelten sich nun mehr und mehr zu Modezeitschriften und verhalfen mit ihren Zier- und Basteltips auch dem Weihnachtsbaum zu neuem Schick. Die Frauen häkelten Püppchen, schnitten Sterne aus Papier, klebten Kartons zu Häuschen, bemalten Nüsse und wußten sich dabei modisch auf der Höhe der Zeit. Hinzu kam ein neues, informatives, alle Ideen noch schneller in die Welt transportierendes Medium: Warenwerbung per Annonce oder Plakat. Der Verbreitung feiner Christbaum-Moden stand also nichts mehr im Wege.

Die Thüringer Glasindustrie fertigte nun eine vorher unbekannte, phantastische Vielfalt von Zierobjekten: bunte Häuschen, Trompeten, Lampions, Vögel, Früchte, Wagen, Sterne, Girlanden. Hinzu kamen alle erdenklichen Gebilde aus Maché, vor allem sogenannter »Dresdner Pappe«: Engel, Sterne, Tiere, Kutschen und Kanonen. Schließlich hatte das damalige deutschnationale Idol Kaiser Wilhelm I. eine ausgesprochene Vorliebe für die nun als »typisch deutsch« gefeierte Baumsitte, die – paradoxerweise – ausgerechnet durch den Krieg gegen die Franzosen 1870/71 propagandistisch so gefördert wurde, daß sie sich nun endgültig als geliebte Tradition etablieren konnte. Der Krieg forcierte nicht zuletzt die Produktion künstlicher Weihnachtsbäume, etwa Federbäume, deren Nadeln eigentlich aus grün gefärbten Truthahnfedern bestanden. Anlaß dafür: Jeder Soldat, so wollte es der Kaiser, sollte im Feld oder auch im Lazarett seinen Weihnachtsbaum haben. Also schickten die Deutschen Tausende kleiner Kunstbäume vor allem an die Soldaten der Marine. Das spektakulärste war freilich: Ausgerechnet in Versailles feierte der deutsche Kaiser Wilhelm am 24. Dezember 1870 Weihnachten unter einem strahlenden Tannenbaum und gab damit fortan den französischen Nachbarn allen Grund, den deutschen »Kaiserbaum« mit gemischten Gefühlen zu betrachten. Andererseits erhöhte das den Bekanntheitsgrad des Christbaums in aller Welt schlagartig.

Schon damals wurden die Kunstbäume nicht anders geschmückt als Naturbäume: üppig mit allem möglichen, was die Industrie an reicher Zier produzierte und das Budget hergab. Reminiszenz an den nationalen Patriotismus: Christbaumkugeln mit den Reichsfarben Schwarz, Weiß (Silber) und Rot. Nie zuvor wurden die Weihnachtsbäume allgemein als derart atemberaubend prächtig empfunden. Da ihr Aussehen auch schon fotografisch dokumentiert und überdies in Zeitungen und Zeitschriften verbreitet werden konnte, kann die üppig-optimistische, kunterbunt-unbekümmerte Manier der gründerzeitlichen Weihnachtsdekoration bis zum heutigen Tag das Design inspirieren.

Fortschrittsbewegte Künstler fanden dann, daß ein neuer Stil alte Konventionen brechen und verdrängen müsse und man sich fortan nicht immer bei der Vergangenheit bedienen sollte. So setzte sich Anfang des 20. Jahrhunderts der Jugendstil durch, und mit ihm kamen die geschwungenen Linien, die blumen- und volutenähnlichen Dekorationen. Die Ornamentik wogte auf Möbeln, Bildern, Büchern und Plakaten, in Zeitungen und in der Werbegrafik. Natürlich wogte es auch auf dem Weihnachtsbaum, denn jener Stil, dem eindeutig etwas Morbides anhaftete, beflügelte die Erfindungskräfte des weihnachtlichen Kunsthandwerks ungeheuer. Es erlebte seine besten Zeiten. Die Kleidermode, die noch zu Ende des Jahrhunderts auf Rüschen, Schleifen, Volants und Plissees, auf Samt und Seide setzte, favorisierte nun nach und nach schlichtere, fast männliche Formen. Und der üppige, bunte Kinderbaum der Gründerzeit verwandelte sich in einen weißsilbernen, eleganten Erwachsenentraum, der das Zeitideal eines einheitlich gestalteten, konsequent ästhetischen Lebensstil ausdrückt.

Der Jugendstilbaum (s. Bild S. 100), bis heute Vorbild für den typischen deutschen »Silberbaum« (s. Bild S. 116), beeindruckt mit zurückhaltender, durchgestylter Noblesse. Der vornehmlich silbern schimmernde, gläserne Schmuck in allen denkbaren geometrischen Formen, darunter auch Glaszapfen, Kugeln, Herzen, wird von geschwungenen Linien durchzogen. Die Kerzen mußten damals auf alle Fälle reinweiß sein, silberweiße Perlenschnüre bildeten die Girlanden. Zu alledem paßte auch das silberne Lametta vorzüglich. Diese feinen Streifen aus Silberfolie wurden 1878 erstmals produziert. Und es setzte sich Schmuck aus leonischen Drähten durch, auch kombiniert mit Glaskugeln. Sehr

modern war aber auch Glasseide, etwa für Engelflügel oder für das bis heute noch beliebte Engelhaar. Als begeistert gefeiertes Technikwunder jener Ära fand der Zeppelin en miniature auf den Christbaum. Während des Ersten Weltkriegs folgten dann allerlei kriegerische Gerätschaften, Trommeln, Gewehre, ja sogar Minen und Granaten und die der preußischen Pickelhaube nachempfundene Christbaumspitze. Wie schon der andere, verbreitete auch dieser Krieg die Baumsitte in aller Welt, jedoch noch weit intensiver. Die Soldaten verschickten zwischen 1914 und 1918 ungefähr 10 Milliarden Feldpostkarten, ein Gutteil davon weihnachtliche Fotokarten, die Weihnachtsbäume zeigten. Unzählige gingen ins Ausland und machten auch dort den Weihnachtsbaum berühmt.

Als in den »tollen Zwanzigern« der Rocksaum nach oben rutschte und die Damen Bubikopf trugen, war die silberne Dezenz passé. Der »Reformbaum« verlangte nach mehr Pep und Raffinesse. En vogue waren nun vor allem kleine, elegante Hohlglastierchen, die wir heute noch mögen: die Pfauen mit den Glasseidenschwänzen. Die Glastierchen mit den Klemmvorrichtungen verzauberten die Bäume in ein Paradies mit Papageien, Hirschen und Tauben, Störchen und Schwänen. Damals entsprossen dem Weihnachtsbaum auch erstmals die kleinen, glückbringenden Fliegenpilze. Revue und Kabarett, Favoriten der Jugend, beeindruckten erkennbar die Designer des Christbaumschmucks in den »Swinging Twenties«. Sie kreierten lustige Harlekine, Puppen, die deutlich an Revuegirls erinnern, und Saxophone. Nun legte sich Glitter und Flitter – feiner Silberstaub – auf Papphäuschen und Sterne.

Die nächste deutlich sichtbare Baumverwandlung brachte das Art-Déco (1925–1940), eine aufregende und katastrophale Ära. Neue, sensationelle Medien wie Rundfunk und Film faszinierten Millionen. Filmschauspieler avancierten zu Idolen, deren in Filmen wie im Privatleben vorgeführter luxuriöser Lebensstil zum nie erreichbaren Ideal wurde. Für den normalen Bürger erschwinglich und ein tröstender Kontrast zu den immer schrecklicher werdenden Zeiten war der kleine, oftmals zuckersüß-kitschige Luxus: Nippes aus Messing oder Porzellan in Vitrinen und Vertikos. Das Kunstgewerbe vor allem in den Dreißigern ersann für den Christbaum bunte Laternchen aus Glas und Messing, kleine Zinnfiguren, mit Prägebildern beklebte oder bemalte Milchglaskugeln, Fläschchen mit Etiketten, kleine Radios, Glühbirnen. Diese Art, den Baum zu schmücken, war nun mehr von den alltäglichen Dingen geprägt. Hin und wieder schlichen sich in Deutschland auch nationalsozialistische Symbole an die Bäume oder – ganz der Ideologie der Zeit gemäß – sogenannter »germanischer Julschmuck«: Sonnenrad, Rune und Hakenkreuz. Doch die von Krieg und Politik geplagten Menschen kehrten an Weihnachten lieber zu ihren alten wilhelminischen Märchenbäumen zurück. Schon weil es während des Zweiten Weltkriegs nur wenig Christbaumschmuck zu kaufen gab, bastelte man vor allem der Kinder wegen eigenhändig Märchenfiguren: Zwerge und Schneewittchen, Rübezahl und Rumpelstilzchen. Und während Glasbläser und Spielzeugmacher im Feld waren oder in der Rüstungsindustrie arbeiteten, wanderten die hölzernen Abzeichen des Winterhilfswerks an den Baum.

Von unseren Vätern und Großvätern wissen wir, daß die Soldaten des Zweiten Weltkriegs unter widrigsten Umständen auch im Feld und in Gefangenenlagern oder Kasernen Weihnachtsbäume aufstellten. Überall fern von zu Hause waren diese Bäume ein erschütterndes Symbol für Heimweh und seelisches Leid, für die Sehn-

Eine topaktuell gekleidete Engel-Schaufensterpuppe aus den zwanziger Jahren.

sucht nach den Angehörigen und der Hoffnung nach einer Friedensweihnacht, die alle Lieben wieder unversehrt zusammenführt. Wenn es denn je weihnachtliche »Hoffnungsbäume« gegeben hat, die eine geistig-seelische Verbindung zwischen weit entfernten Menschen schufen, so waren es diese Kriegsbäume.

Wo immer im Krieg die Kugeln und Engel auf den Dachböden oder in den Luftschutzkellern den Bombenhagel überstanden hatten, griff man nach Kriegsende glücklich zu den heilen Relikten aus besseren Tagen. Da sollte der Weihnachtsbaum möglichst so aussehen wie damals, als die Welt noch nicht zerstört war.

Überhaupt – war es nicht fast wie ein Wunder, daß man einen Baum hatte organisieren können? Die Kerzen hatte man am Schwarzmarkt besorgt, im Tausch gegen eine Kinderpuppe oder einen Teddybär. Heiligabend lagen dann die ersten luxuriösen Nylons unter dem Bäumchen und – was für ein Wunder! – die ersten Zigaretten. Im Radio sang ein Kinderchor das alte, selige »Stille Nacht« – und es war, als mache der holde Knabe im lockigen Haar das kaputte Land ein ganz kleines bißchen heiler.

In den fünfziger Jahren waren die Weihnachtsbäume sehr nostalgisch und meistens so, wie man sie in den glücklichen Kindertagen gekannt hatte. Vor allem die aus ihrer Heimat vertriebenen Deutschen dekorierten ihre Christbäume nach heimatlichem Brauch und trugen so zu einer neuen Vielfalt bei. Der eine schaute nun schon mal was vom anderen ab, und so ergab es sich, daß man mal das eine, mal das andere schöner fand als den eigenen Christbaumschmuck. Zwar triumphierte immer noch der bunt behangene Glaskugel- und Lamettabaum, dazu kamen aber auch erzgebirgische Holzfigürchen oder alpenländische Teigfiguren.

Die reformwütigen sechziger Jahre brachten den Christbaum bei der aufmüpfigen Jugend zusammen mit vielen anderen alten Traditionen etwas in Verruf. Manch ein Rebell forderte da die Abschaffung oder versuchte gar, den Baum irgendwie beziehungsreich schmückend »zu politisieren«. Schließlich setzte sich aber doch die Meinung durch, daß der Christbaum ein ungeeignetes Objekt für jegliche Agitation ist und man ihm wohl keine Schuld an gesellschaftlichen Verhältnissen aufbürden kann.

Prompt wurde er in den Folgejahren beliebter denn je. In den siebziger und achtziger Jahren waren die Baum-Moden allerdings deutlich geprägt von der Ökologiebewegung und der kritischen Haltung gegenüber der industriellen Massenproduktion. Plötzlich durfte das bleierne Lametta nicht mehr auf den Baum. Dafür wurden jetzt mancherlei Dinge aus Naturmaterialien selbst gebastelt, etwa Strohsterne. Äpfel, Nüsse, Kornkugeln und Holzspielsachen machten den Öko-Baum perfekt.

Seit den achtziger Jahren hat sich kein einheitlicher Stil durchgesetzt. In dem Maße, wie sich die Menschen von den traditionellen kirchlichen Werten distanzieren, verliert auch der Baum die wenigen kirchlich-religiösen Symbole, die ihm bisher noch geblieben sind. Andererseits erfreuen sich auch Weihnachtskrippen zunehmender Beliebtheit. Für den Baum gilt die unbekümmerte Devise: Erlaubt ist, was gefällt. Immer mehr Menschen finden nun Spaß daran, ihren Christbaum häufiger zu verwandeln. Gleichzeitig hat eine neue Sinnsuche begonnen. Man legt mehr Wert auf symbolischen Gehalt in Formen und Farben und entwickelt dafür ein neues Bewußtsein.

Vieles, was heute mit dem Weihnachtsbaum zu tun hat, erinnert ein wenig an die Zeit des Barocks. Auch heute werden in Privathäusern wieder mehr Bäume geschmückt. Oft steht einer eigens für die Kinder im Kinderzimmer, ein anderer für die Erwachsenen im Wohnraum. Ähnlich wie früher der Adel, so dienen heute professionelle Dekorateure wie Johann Wanner als Orientierung. Kein Zweifel besteht daran, daß der Weihnachtsbaum sich vielfältiger und dabei individueller entwickeln wird. Kaum anzunehmen, daß sich in unserer zunehmend zusammenwachsenden Welt noch regionale Unterschiede ausprägen. Dafür dürften neue Ideen und Trends schneller aufgegriffen und verbreitet werden.

Wie auch immer der Baum in fünfzig oder hundert Jahren aussehen wird – der Mythos seiner langen, wechselhaften Geschichte und die generationentiefe Faszination werden ihm immer eigen sein.

Historisches Kalenderblatt

WEIHNACHTSFEST
UND
WEIHNACHTSBAUM

Du lieber alter Baum sahst Zeitenwandel dräuen
Doch Wandel rührte dich bis heute niemals an
Die Zeit sah dich ja an als ihre heilige Mitgift.
John Clare

SCHON VOR UNSERER ZEITRECHNUNG

ist bei den Völkern und Stämmen in Nord- und Mitteleuropa, die der indogermanischen Sprachfamilie angehören und die man später als Germanen begrifflich zusammenfaßt, ein Kult um die Wintersonnenwende bekannt, der Dämonen bannen und den Frühling heraufbeschwören sollte. Dabei spielen immergrüne Pflanzen, denen man besondere Kräfte beimißt, eine Rolle.

ETWA UM DAS JAHR 4 (ODER VORHER?)

kommt das Kind zur Welt, das später Jesus Christus genannt wird. Man weiß, daß sein Geburtsjahr in die Zeit der Regentschaft des römischen Kaisers Augustus Oktavian (27 v. Chr. – 14 n. Chr.) fällt. Ein genaues Geburtsjahr ist nicht bekannt. Wissenschaftler wissen nur, daß der Heiland der Christen in den ersten Jahren unserer Zeitrechnung geboren wurde. Seine Geburt in einem Stall in Bethlehem ist historisch nicht verbürgt und wird als eher unwahrscheinlich angesehen. Vieles spricht dafür, daß er im galiläischen Nazareth zur Welt kam, und zwar in den Monaten zwischen März und November. Historisch gesichert ist seine Hinrichtung unter Pontius Pilatus im Jahr 30 oder 33 (weniger wahrscheinlich). Die Weihnachtsgeschichte wird heute als wunderbare Legende mit einer ernstzunehmenden Heilsbotschaft betrachtet: Ein Kind aus den ärmeren Schichten wird der Erlöser der Menschheit und der Friedensstifter im Krieg sein. Die Erzählung datiert aus einer Zeit, in der die Menschen von apokalyptischen Ängsten und Depressionen heimgesucht wurden. Eines der Wunder dieser Geschichte: Sie existiert seit 2000 Jahren und hat nichts von ihrer visionären Kraft eingebüßt.

IM 2. JAHRHUNDERT

liegen alle maßgeblichen Urkunden vor, auf die sich heute die christliche Schilderung von der Geburt Christi stützt. Niedergeschrieben haben die Zeugnisse die Evangelisten, die sich nicht als Protokollanten historischer Abläufe, sondern als Berichterstatter über die Botschaft Christi an die Menschheit empfanden. Sie sammelten die Überlieferungen seiner Worte und Taten in den sogenannten Sammelwerken, die das Neue Testament zusammenfügt. Nur zwei der vier Evangelien (griechisch: frohe Botschaft) erwähnen die Geburt Christi. So das um 80 n. Chr. entstandene Matthäus-Evangelium und das zwischen 80 und 90 n. Chr. geschriebene Lukas-Evangelium. Ursache für die dürftige Quellenlage: Man maß früher der Geburt weniger Bedeutung bei als dem Tod. Bis heute werden Märtyrerfeste am Todesdatum der Heiligen gefeiert. Auch beim Gedenken bedeutender weltlicher historischer Persönlichkeiten spielt das Todesdatum zumindest die gleiche Rolle wie das Geburtsdatum.

354

wird erstmals das Weihnachtsfest am 25./26. Dezember in Rom gefeiert. Warum die Christen damals neben dem viel bedeutenderen Ostern noch ein zweites Fest zu Ehren ihres Heilands einführten, ist nicht bekannt. Möglicherweise wollten sie sich vom zeitgleichen römischen Sonnenfest (Dies natalis Solis invicti = Tag des unbesiegbaren Sonnengottes, »Geburtstag der Sonne«) bewußt abgrenzen, das der römische Kaiser Aurelian (214–275) zum Staatsfeiertag erklärt hatte. Nun wurde Christi Geburt mit der Geburt der Sonne verglichen. Der römische Bischof Liberius suchte den Tag aus, der in der Mitte zwischen den römischen Saturnalien (am 17. Dezember begangenes Fest zu Ehren des Saturn, Gott des Landbaus)

Modernes Weihnachtsdekor im altrömischen Stil.

und den Kalenden (erster Monatstag im antiken Rom) lag. Die christliche Religion stand damals in Konkurrenz zu vielen Religionen und Kulten und deren festlichen Traditionen:

So mußte sich die Kirche nördlich der Alpen mit den Traditionen des germanischen Jul-Fests, der Feier der Mittwinter-Sonnenwende, auseinandersetzen. Im Volksglauben verankert war auch bereits die Vorstellung vom Dämonentreiben in den heute so genannten Rauhnächten, der Zeit zwischen dem 21. Dezember und dem 6. Januar. Seit etwa 1000 v. Chr. wird im Iran die Geburt des Sonnengotts Mithras am 25. Dezember begangen. Die Griechen feierten am selben Tag ihren unbesiegbaren Gott Helios, die Juden das Chanukka-Fest. Mit der Festlegung des Weihnachtstags gelang es der christlichen Kirche also,

etliche »heidnische Feste« durch zeremonielle und inhaltliche Alternativen zu christianisieren.

Außerdem setzte die Feier der Geburt Christi wichtige kirchliche Beschlüsse um. So war im Toleranzedikt von Mailand anno 313 Jesus Christus als Sohn Gottes offiziell anerkannt worden. Das Konzil von Nicäa legitimierte ihn 325 als göttliche Inkarnation, als wesensgleiche Gottheit gleichberechtigt neben Gottvater. Vorher war es bei den Christen noch generell unüblich, eine Geburt zu feiern – so ein Fest galt als heidnisch. Gefeiert wurden statt dessen immer die Tauftage.

Als das Weihnachtsfest sozusagen etwas verspätet eingeführt wurde, hatte sich bei vielen Christen schon der 6. Januar (Epiphanias) als Erscheinungsfest Christi durchgesetzt, das sich im Volkstum später zum Fest der Drei Könige verwandelte. Bis heute ist in der Ostkirche der Brauch erhalten, Weihnachten am 5. und 6. Januar zu begehen. Die zehnte Morgenstunde des 6. Januar gilt der Erinnerung an die Taufe des Heiland. Berichte, wonach schon im Jahr 336 ein christliches Weihnachtsfest am 25. Dezember gefeiert wurden, sind nicht belegt.

388

wird erstmals eine Predigt gehalten, die man als Weihnachtspredigt bezeichnen kann und bei der die religiöse Stimmung des Weihnachtsfests für künftige Zeiten charakterisierend festgelegt wird. Chrisostomus in Antiochien spricht in einer glühenden Propagandarede von einem »Fest, das vor allem am meisten Ehrfurcht und Schauer erregt, für das man wohl keine treffendere Bezeichnung finden kann als Mutterstätte aller Feste ... Die leibliche Geburt Christi.«

AB 4. JAHRHUNDERT

setzen sich einzelne Elemente germanischer Kulte in den Sitten des frühen Mittelalters fort. Nun werden in manchen Häusern um die Wintersonnenwende immergrüne Zweige verkehrt herum aufgehängt. Sie sollen böse Geister bannen und den Frühling heraufbeschwören.

UM 450

haben angeblich erstmals Wachskerzen an einem Heiligen Abend in einer Kirche gebrannt, und zwar in Byzanz.

IM 6. JAHRHUNDERT

wird das Weihnachtsfest unter Kaiser Justinian zum gesetzlichen Feiertag. Nach und nach wird nun der Weihnachts-

festkreis (1. Advent bis Septuagesima) liturgisch festgelegt.

800

erhält das Weihnachtsfest erstmals eine politische Bedeutung. Karl der Große wird am 25. Dezember von Papst Leo III. in Rom zum Kaiser gekrönt.

813

findet in Mainz eine Synode statt, welche die Jesusgeburtsfeier auch für die nördlichen Länder einheitlich für den 25. Dezember festlegt und damit dem Beispiel Roms folgt.

IM 9. JAHRHUNDERT

tauchen zum ersten Mal die Namen Kaspar, Melchior und Balthasar für die drei Könige auf, die das Christkind an der Krippe in Bethlehem besucht haben sollen. Im Matthäus-Evangelium (Matth. 2,1) ist noch die Rede von »Sterndeutern aus dem Osten«. Die Urfassung enthält die Bezeichnung »magio« für Sternkundige, die vermutlich einer Priesterkaste angehörten. Solche Astronomen wurden auch von Königen zu Rate gezogen. Von daher scheint sich die Bezeichnung Könige abzuleiten.

1170

wird erstmals der Begriff Weihnachten genannt. In dem Gedicht des bayerischen Spielmanns Spervogel wird »ze wihen nahten« (zu den geweihten Nächten) als mittelhochdeutsche Bezeichnung für die Festtage um die Geburt Christi gewählt.

IM 13. JAHRHUNDERT

bauen Gläubige erstmals Krippen, um damit die Geschehnisse um die Geburt Christi bildhaft darzustellen. Dazu gehören nun auch die Heiligen Drei Könige. Die Darstellung des Jesuskinds ist erst auf der Grundlage einer neueren christlichen Haltung möglich. Mystiker wie Bernhard von Clairvaux (um 1090–1153) und Franz von Assisi (1182–1226) rücken in ihren Lehren das Menschsein des Heilands stärker in den Mittelpunkt, so daß es nun möglich ist, ihn wie einen neugeborenen Menschen darzustellen. Die Krippen, deren Aufstellung in einer Kirche für das 15. Jahrhun-

Diese exquisiten Erdbeeren in der Holzdose erinnern an die Anfänge der gläsernen Baumzier, denn aus kleinen Glasfrüchtchen wurde die Weihnachtskugel entwickelt.

dert erstmals historisch bezeugt wird, entwickeln sich zu wichtigen Werken religiöser Volkskunst.

1419

existiert bereits eine Vereinigung, von der man weiß, daß sie schon früh – vermutlich im 15. Jahrhundert – einen Weihnachtsbaum schmückte, der in der Bedeutung unserem heutigen ähnelte. Aus einem Dokument der Freiburger Bruderschaft der Bäckerknechte geht hervor, daß diese im örtlichen Heilig-Geist-Spital an Weihnachten einen mit Äpfeln, Birnen, Oblaten, Lebkuchen, Flittergold, gefärbten Nüssen und Papierschmuck behängten Baum aufstellten.

AB DEM 16. JAHRHUNDERT

begünstigen Reformation und Renaissance die Verbreitung des Weihnachtsbaums. Höchste Autorität sind nun nicht mehr der Papst und der geistliche Klerus, der den Weihnachtsbaum als heidnisches Relikt abgelehnt hatte. Bei den Protestanten steht die Bibel im Mittelpunkt der Lehre. Darin findet sich nichts, was dem Aufstellen eines Weihnachtsbaums widerspricht. Die Sitte des weihnachtlichen Schenkens entsteht in Form einer »Kinderbescherung«.

1588

erregt eine kulinarische weihnachtliche Spezialität Aufsehen. Notiz am Rande der großen Welt-

Seit 1882 möglich: elektrische Festbeleuchtung, hier an einer Hausfassade.

geschichte. Angeblich wird da am 25. Dezember die erste Weihnachtsgans verzehrt. Am Festbraten labt sich Elisabeth I. von England. Freilich ist die Gans schon seit alters her ein Tier, das mit der Wintersonnenwende zu tun hat.

1597

ist in der »Regio Basiliensis«, der Gegend um Basel, sowie im Elsaß die Sitte des Weihnachtsbaumschmückens schon fest im Brauchtum verankert. Sie scheint sich von hier aus entwickelt und verbreitet zu haben. Das belegen Rechnungen über Christbaumschmuck, die ab diesem Jahr existieren, Reiseberichte, Dekrete bezüglich des Christbaumschlagens in den Wäldern sowie theologische Texte, in denen der Christbaum als heidnisches Symbol abgelehnt wird.

1708

werden erstmals Kerzen an einem Weihnachtsbaum erwähnt. Liselotte von der Pfalz beschreibt in einem Brief an ihre Tochter die kerzenbesteckten weihnachtlichen Buchsbäume ihrer Kindheit. Nun werden vor allem in den Residenzen weihnachtliche Lichterbäume zur gesellschaftlichen Attraktion.

1754

berichtet eine Berliner Zeitschrift, daß »manche Leute vergangene Weihnachten grüne Fichten in die Stube stellten, die sie mit vergoldeten Erdäpfeln schmückten«.

1815

beginnt im deutschsprachigen Raum die kulturgeschichtliche Epoche des Biedermeiers, in der das Weihnachtsfest seine Bedeutung als deutsches Familienfest gewinnt. Der Weihnachtsbaum wird zum festlichen Symbol familiärer Zusammengehörigkeit. Der Weihnachtsmann entsteht infolge der Säkularisierung (Verweltlichung des geistlich-religiös bestimmten Denkens) als Nachfolger des Heiligen Nikolaus. Besonders im protestantischen Norddeutschland wird er zum weihnachtlichen Gabenbringer, während im südlichen und östlichen Deutschland das Christkind in Gestalt eines Engels diese Rolle spielt. Noch bringen Weihnachtsmann und Christkind vor allem Weihnachtsbäume voller Süßigkeiten. Allmählich setzen sich aber auch andere kleine Schmuckobjekte und Spielsachen als Behang durch.

Um 1831

scheint es die ältesten, noch winzigen Objekte gegeben zu haben, die an unsere Weihnachtskugeln erinnern. Die »Spielwaren-Mustercharte von Johann Simon Lindner« zeigt erstmals kleine Früchte und Nüsse aus schwerem, bleiverspiegelten Glas.

1848

leuchtet am 24. Dezember im Hause des aus Wetzlar nach Amerika ausgewanderten August Imgard der erste festlich geschmückte Christbaum auf amerikanischem Boden. Aus diesem Jahr datiert auch der erste Beleg für mundgeblasene Weihnachtskugeln, die unseren heutigen ähneln.

1860

brennen erstmals Kerzen an einem Adventskranz, und zwar in einem Hamburger Armenhaus.

1866

hat sich auch in den ländlichen Gegenden der Christbaum durchgesetzt. Der erste gußeiserne Christbaumständer wird patentiert.

1870

wird zum ersten Mal Christbaumschmuck industriell gefertigt. Die ersten künstlichen Weihnachtsbäume aus Draht und Federn werden produziert. Der deutsche Kaiser Wilhelm I. feiert Weihnachten im Schloß zu Versailles. Im Mittelpunkt des zu einer Art Siegesfeier gewordenen Fests steht ein Weihnachtsbaum, der damit zum nationalen deutschen Symbol stilisiert wird. In der folgenden Gründerzeit gewinnt der Baum seine Pracht und seinen heutigen dekorativen Charakter.

1882

wird erstmals ein Christbaum mit elektrischem Licht beleuchtet, und zwar in den USA.

Ab 1900

verbreitet sich der Weihnachtsbaum überall in der christlichen Welt. Es entstehen verschiedene Christbaum-Moden, die den Zeitgeist widerspiegeln.

Auch in öffentlichen Räumen und im Freien werden zunehmend Weihnachtsbäume aufgestellt, die nun auch mehr und mehr in den Kirchen zu sehen sind, wo jedoch nach wie vor die Krippe als christliches Symbol stärkere Symbolkraft hat.

ZWISCHEN LUST UND KUNST

DIE FREUDE AM SCHMÜCKEN

Schönheit herzustellen bleibt ein Anliegen,
nur daß niemand abschließend zu deklarieren vermag,
was Schönheit ist.
Peter Jenny, Prof. für Gestaltung in Zürich

Alle tun's, und keiner weiß, warum. Keiner fragt: Warum bemale ich eigentlich die Wand? Warum binde ich ein Schleifchen? Warum stelle ich einen Blumenstrauß auf den Tisch? »Damit's schön aussieht« – diese tausendmal gehörte, simple Antwort kann doch als Erklärung nicht genügen, oder?

Wenn die Abende länger werden, wenn's draußen so richtig grimmig und ungemütlich wird, stellen sich die bekannten Symptome ein. Es kribbelt in den Fingern, unruhig suchen die Augen leere Plätze in der Stube: Hier könnte doch ein schönes Gesteck ..., dort ein Sträußchen ... Wie wär's, in diesem Jahr mal selbst den Adventskranz zu binden? Schnell ein Griff zum Modejournal: Da steht ja, wie man's anstellt. Aha, interessant, so geht das also ...

Schmücken – Akt zwischen Kunst und Lust. Ein Erfinder ist nicht bekannt, doch das Patent liegt in der Steinzeit begraben. Am besten stellen wir uns den Urvorgang so vor: Ein Töpfer hat ein Tongefäß fertig. Plötzlich: ein Impuls, eine Idee. Mit dem Daumen drückt er ein Muster in die feuchte Form. Am oberen Gefäßrand entsteht eine Reihe Fingerstempel. Als der Töpfer sein Werk betrachtet, stimmt's ihn mächtig froh. Er lächelt. Ein Gedanke kommt ihm. Das ist ein Gefäß, das sich von allen anderen unterscheidet. Das Muster wird den Benutzer stets an ihn, den Töpfer, erinnern. Selbst dann, wenn er keine Töpfe mehr formt, dann, wenn sein Leib nicht mehr existiert. Dieses Ding da, sagt er sich, trägt einen Teil von mir und meinem Leben. Was, wenn es kaputt geht? Er grübelt. Dann kommt er drauf. Klar, ich mach' noch mehr solche Töpfe ...

Wo immer Archäologen auf uralte menschliche Spuren stoßen, fördern sie Beweise zutage. Stets hat Homo sapiens Wohnung, Hausrat und sich selbst geschmückt. Wie er's tat, ob mehr oder weniger kunstvoll, legt beredtes Zeugnis ab von seinen Lebensumständen und dem, was wir Lebensqualität nennen. Führte er Krieg, litt er unter Hunger und Krankheit, war die Dekorationsfreude merklich gedämpft. Glückliche Zeiten, üppige Zier: In Friedensphasen blühte immer das Kunsthandwerk. Die typischen Merkmale der Ornamentik längst versunkener Kulturen ermöglichen uns ethnische und kulturelle Zuordnungen. Mit wem trieb dieses Volk Handel? Welche Götter verehrte es? Das Dekor kann's verraten.

Wenn die Menschen am Anfang der Schmück-Geschichte, wie geschildert, Fingermuster in ein Gefäß drückten, war ihnen natürlich klar, daß die Übung den Gebrauchswert des Potts nicht im geringsten beeinflußte. Vorher diente das Objekt nur einem Zweck. Danach war's obendrein hübsch anzusehen. Motiv: die reine, unschuldige Freude. Doch irgendwann kam mehr hinzu. Die erschütternde Erkenntnis nämlich, daß Ornament und Farbe ein Ding völlig verändern können. Wie das? War nicht die Fähigkeit zur Verwandlung ein Privileg der Götter? Bewiesen nicht die Götter mit ihren sagenhaften Begabungen, sich in alle möglichen Gestalten zu verwandeln, speziell dadurch ihre Göttlichkeit? Nun entdeckte der Mensch seine Fähigkeit zur Metamorphose, und er ahnte sofort: Diese Kraft muß gottgegeben sein. Fortan verlieh dieser Glaube jedem schmückend veränderten Objekt eine heilige Aura.

Menschenwerk ist Gottes Werk. Die Ahnung, daß die Welt nicht nur aus ihren sichtbaren Teilen besteht, verschafft jeder Kunst ihre Spiritualität. Das Schöne – ist es nicht wie ein Wunder? Die Kunst reicht über die Wirklichkeit hinaus – so wie der Schönes gestaltende Mensch über sich hinauswächst. Logisch also, daß der Mensch nur sich und keinem anderen Wesen in der Natur ästhetische Fähigkeiten zutraut. Allerdings stößt er da auf ein nicht wegzuleugnendes Problem: die Schönheit der Tiere. Warum tragen Vögel ein so herrliches Federkleid? Verschwendet die Natur ihre schöpferische Kraft tatsächlich, wie viele Forscher behaupten, nur im Bemühen, das Überleben der Arten zu sichern? Finden sich Vogelweibchen und Vogelmännchen am Ende doch ganz ansehnlich? Schade, daß wir das wohl nie herausfinden und uns damit begnügen müssen, die phänomenale Dekorationskunst der Natur zu bewundern und – nachzuahmen.

Traurig sähe es aus in der Welt, hätten Flora und Fauna nicht ihre optischen Reize und der Mensch nicht diese rätselhafte Angewohnheit, alles und jedes zu verzieren. Was schön ist, gibt jeder Kultur die Natur vor; sie ist die Orientierung. Doch die Maler und Schnitzer, die Färber und Schneider sind nicht nur unermüdlich am Werk, um ihre Kunden zu erfreuen. Den Motor ihres Ehrgeizes treiben jede Menge Gründe: psychologische, religiöse, soziologische und ökonomische. Ein afrikanischer Stammeshäuptling will mit greller Maskerade imponieren, abschrecken oder herausfordern. Das Ornament auf dem Wappenschild eines Ritters informierte Gegner und Zuschauer beim Turnier über sein Adelsge-

schlecht und die gesellschaftliche Stellung. Warum auch lang drum herum reden? Oft genügt ein Ding oder ein Zeichen – und schon weiß jeder Betrachter bestens Bescheid und hat doch noch ausreichend Gedankenspielraum für eigene Mutmaßungen. Schmuck beherrscht die Sprache der Symbolik; reich verzierte Gegenstände gehören zu jeder kultischen Handlung. Daran delektieren sich auch die Götter, die uns ja – so praktisch denkt man in vielen Religionen – das Kunsthandwerk nur aus eigennützigen Gründen schenkten. Symbolische Zier vermittelt zwischen Mensch und Gott, schöne Opfergaben stimmen die Götter milde und wohltätig.

Dabei ist alles gar nicht so einfach. Vor den Erfolg haben die Götter den Schweiß gesetzt. Ein gutes und originelles kunsthandwerkliches

Der Wannersche Verkaufsstand am Basler Weihnachtsmarkt.

Pailletten, Karos,
Kasperl –
dieses fröhliche
Deko-Ensemble
garantiert prächtige
Weihnachtslaune.

Ergebnis setzt allerhand voraus: schöpferische Begabung, das Wissen um ästhetische Wirkung, handwerkliches Geschick, materielle Mittel, einen gestalterischen Plan und – nicht zuletzt das größte aller Probleme: Zeit! Zuviel jedenfalls für arme Leute. Schmückfertigkeit und Schmuckbesitz waren und sind das Privileg des Wohlstands. Der Luxus der feinen Moden und des edlen Tands unterstrich schon immer einen erlauchten gesellschaftlichen Rang. Arme Mäuse mußten sich notgedrungen immer aufs Zweckgerichtete konzentrieren.

Von manchen Nobilitäten ist leider zu berichten, daß sie die Sache mit der Mode und dem Schmuck sehr übertrieben. Zwar verhielten sich die Aristokraten des 17. und 18. Jahrhunderts gegenüber hygienischen Maßnahmen wie einer körperlichen Wäsche ausgesprochen distanziert. Dafür plünderten sie täglich ihre Schmuckschatullen. An jedem Finger ein Ring, etliche Kettchen an Füßen und Hälschen, dazu große Broschen, voluminöse Ohrgehänge, Frisurenschmuck – grotesk aufgetakelte Herrschaften lustwandelten da durch die Parks.

Natürlich dienen Pretiosen auch heute noch dem gesellschaftlichen Wettbewerb. Nach wie vor gilt der Satz: Eitelkeit, dein Name ist Schmuck! Das Unmoralische liegt aber nur in der Übertreibung, in der protzigen Zurschaustellung. Nachdrücklich bleibt festzustellen: Jede Kunst trägt die Flügel des Ehrgeizes, der Stolz ist aller Schönheit Nahrung.

Selten verschleißt sich die Dekorationskunst allein im Wettkampf ums Image. Immer drückt der Besitzer schöner Dinge damit auch die Ansprüche aus, die er an sich und des Lebens Güter stellt. Er bekundet, daß er sein Dasein nicht auf den Nutzen begrenzt, daß er erkannt hat: Der Mensch lebt nicht von Arbeit und Brot allein. Es geht nicht nur darum, wie etwas funktioniert, sondern auch, wie es aussieht. Ein Gegenstand ist nicht nur rational, sondern auch sinnlich erfaßbar.

Also wollen wir's schön haben. Also übergeben wir ein Geschenk verpackt und mit Schleifchen verziert. Wir könnten's ja einfach nur so überreichen, aber wir wissen natürlich: Die Hülle adelt den Inhalt. Wer jemals einen Verpackungsaufwand scheute, hat eine Chance vertan. Das edle Papier verzaubert ein seelenloses Stück Ware in ein individuelles, mit Liebe und Sorgfalt ausgewähltes Geschenk. Seiner Verpackung und damit des Zaubers beraubt, kann es dem Präsent leicht passieren, daß es auf dem Umtauschweg ins Reich der anonymen Waren zurückkehrt. Warum das peinliche Ding je gekauft wurde? Nun, vielleicht war's Teil einer attraktiven Dekoration und so geschickt präsentiert, daß der Käufer einfach nicht widerstehen konnte.

Aber warum sind wir kreativ, warum der eine mehr, der andere weniger? Daß Kreativität nicht anerzogen werden kann, sondern ein Talent ist, das jeder anders portioniert in die Wiege gelegt bekommt, gilt als sicheres Forschungswissen. Damit sich Kreativität äußert, muß zum genetischen Erbe auch noch die kulturelle Kraft kommen. Wo aber verläuft die Grenze zwischen Kunst und Dekoration?

Begreift man Kunst als jegliche ästhetische menschliche Lebensäußerung, so ist die Dekoration ein Teil davon. Aber natürlich bleiben gewisse Wesensunterschiede. Psychologen meinen beispielsweise, daß der – ungemein wichtige – Spieltrieb das menschliche Schmuckbedürfnis fördert. Die Frage: Warum schmückt der Mensch? ist demnach vergleichbar mit der: Warum spielt der Mensch? Unbestritten ist, daß der schmückende Mensch Fähigkeiten trainiert, die ihn für den Konkurrenzkampf gegen den Artgenossen fit machen.

Neuerdings warten Wissenschaftler mit einer weiteren, sehr erfreulichen Erklärung auf: Das Schmücken und Gestalten hält uns fröhlich und optimistisch; es hilft, uns täglich neu vor Augen zu führen: Alles wird gut. Der spielerisch schmückende Mensch wirft nicht gleich die Flinte ins Korn, sondern wagt unverdrossen einen neuen Versuch nach dem Motto: Jetzt klappt's bestimmt. Nur dank dieses Durchhaltevermögens hat der Mensch sich entwickelt und überlebt. Fehlte ihm die Gabe, wäre die Menschheit vermutlich längst am eigenen Pessimismus gescheitert. Wer ängstlich ist oder bedrückt, kann schmückend sein seelisches Tief überwinden. Schmücken und Freude – dieses Paar gehört zusammen. Natürlich setzt die große, bildende Kunst ein Höchstmaß geistiger Reife und Begabung voraus. Doch niemand will heute noch bestreiten, daß die Dekoration neben ihrer großen Schwester, der Kunst, recht gut aussieht. Gänzlich überholt ist jedenfalls jene puristische Haltung, die etwa im Bauhaus-Design der zwanziger Jahre zu einer völligen Ablehnung aller Dekoration führte: Damals wurde jedes Objekt auf seine reine Funktionalität reduziert, und das mit guten, aus der Zeit geborenen Gründen. Schließlich war es noch vor Jahrzehnten tatsächlich dringend nötig, die Dinge vom Schwulst der Vergangenheit zu befreien.

Die Welt heute ist eine andere. Heute leben wir in einer Zeit der Massenproduktion, der Warenanonymität. Wir brauchen Alternativen und Auswege. Wir brauchen Möglichkeiten, uns individuell auszudrücken, nach eigenen Vorstellungen selbst zu gestalten. Ohne Wenn und Aber anerkennen heute Kunstexperten: Dekoration ist notwendig.

Natürlich will der Mensch bei allem, was er tut, perfekt sein. Um »schön dekorieren« zu können, muß er wissen: Über Geschmack kann man, anders als der Volksmund immer behauptet, meistens nicht streiten. Dekorative Gestaltung folgt Gesetzen, die sich an den menschlichen Sinnesempfindungen orientieren. Etwa den Gesetzen von

Farben und Harmonie. Jeder Betrachter empfindet Harmonie als wohltuend und Disharmonie als störend. Dagegen sind Stilfragen eine Angelegenheit des ganz persönlichen Empfindens, des Geschmacks eben. All das muß der Dekorateur wissen, um nicht den Tücken des Zufalls ausgeliefert zu sein. Regeln sind auch höchst praktisch: Sie helfen immer dann, wenn man nicht mehr weiter weiß.

Kunst verfolgt philosophisch-politische Absichten. Künstler wollen die Welt verändern. Dekorateure wollen sie vor allem schön ausstatten und zu mehr Lebensqualität beitragen. Doch manchmal verfließen Grenzen und Mittel. Dekoration kann höchste Kunst und vorgebliche Kunst nur Bluff sein. Qualitätsbewußtsein und handwerkliches Know-how gehörten zu beidem. Kunst sollte stets das sein, was sie zu sein vorgibt. Dekoration darf genau wie das Spiel mit der Wahrheit flirten und so tun, als ob.

Ganz gewiß hat die Kunst des Schmückens gegenüber den Ansprüchen der Bildenden Kunst einen erfreulichen Vorteil. Jeder kann's versuchen, jeder kann trainieren. Jeder hat die Chance, sich nicht nur am Ergebnis zu freuen, sondern auch am schöpferischen, sinnlichen Vorgang. In letzter Zeit bestätigen Soziologen: Die Industriegesellschaften verwandeln sich in Erlebnisgesellschaften, die großen Wert auf die Gestaltung ihrer Umwelt legen. Die gestalterischen Möglichkeiten sind unbegrenzt, verlockend, phantastisch. Gestaltend können wir der standardisierten, uniformen Massenproduktion unsere Kreativität entgegensetzen und uns eine eigene kleine Welt schaffen, einen Mikrokosmos der Phantasie.

Ansporn. Ehrgeiz. Scheitern und neu versuchen. Ist es kalt draußen? Ein Grund mehr, zum Tannenreisig zu greifen und sofort loszulegen.

MYTHOS BAUM

DIE GRÜNE KRAFT
DER PHANTASIE

O Tannenbaum, o Tannenbaum,
dein Kleid will mich was lehren:
die Hoffnung und Beständigkeit
gibt Trost und Kraft zu jeder Zeit.
O Tannenbaum, o Tannenbaum,
dein Kleid will mich was lehren.
Vers aus dem Weihnachtslied
»O Tannenbaum«

Als der Mensch in die Welt kam, war um ihn das Raunen und Rauschen unendlicher Wälder. Inmitten des alles überwuchernden Dickichts schlug er die ersten Lichtungen. Er pflügte Äcker, baute Feldfrüchte an und errichtete Hütten. Dann wuchsen Dörfer zu Städten. Vor ihnen mußten die Wälder weiter und weiter zurückweichen. Sie wurden kleiner, schwächer. Heute blicken die Menschen deprimiert auf kahle Hügel und lichte Wipfel und beschwören eine sagenhafte Schicksalsgenossenschaft. Die Krankheit des Walds ist das Menetekel der Zivilisation. Stirbt der Baum, stirbt auch der Mensch.

Das mystische Orakel trifft auf die harte Realität. Gut, daß im Speicher unserer Erinnerungen die Baumgötter noch wild rumoren und Maßnahmen zur Rettung der Wälder fordern. Mit ihnen schützen wir die Quellen unserer Vitalität und die Wurzeln unserer Geschichte. Friedlich und kräftig wünschen wir uns die Wälder, über alle Naturkräfte erhaben und ewig beharrend im Wechsel der Zeiten.

Jeder Baum birgt ein menschenerdachtes Fabelreich, einen wunderbaren Mythenschatz. Jeder Weihnachtsbaum kann diese uralten Suggestionen, Illusionen und Visionen mobilisieren. Die gleiche urwüchsige Baumkraft schuf vor Jahrtausenden die heiligen Haine und Baumgötter. Sie inspirierte Shakespeare zu seinen Sommernachtstraum-Phantasien und Mozart zu den Zauberklängen seiner Zauberflöte. Sie schuf Werke zarter Lyrik und wuchtiger Dramatik, sie speiste die romantische Welt der Volksmärchen und ersann auch dieses einfache, rührende Lied von der grünblättrigen Tanne: O Tannenbaum.

In schlichten, eindrücklichen Worten sagt uns der Text: Der Weihnachtsbaum schenkt seinem Betrachter die Chance zu meditativer Andacht, tiefem freudvollen Empfinden und Seelenfrieden. Seit Generationen schon besingt die vertraute Melodie den Mythos der Tanne. In den Grundzügen ein bereits im 16. Jahrhundert bekanntes Liebeslied, war es vor allem unter Studenten verbreitet, als es sich zum Weihnachtslied wandelte, das erstmals in der Liedgeschichte den Tannenbaum als Weihnachtssymbol besingt. Der Leipziger Lehrer Ernst Anschütz schrieb im Jahr 1824 den Tannenbaum-Text wohl hauptsächlich für seine Schüler. Das beweist, daß schon damals in Leipzig der Weihnachtsbaum recht verbreitet gewesen sein muß. Gemeinsam mit der Sitte des Christbaumaufstellens wurde das Lied immer mehr bekannt und schließlich zu einem weltweit verbreiteten Weihnachtshit.

Der Weihnachtsbaum – fürwahr eine Schule des Schauens und Staunens. Die inspirierende Kraft der Natur verbindet sich mit dem traditionellen festlichen Ritual und schenkt »Mut und Kraft zu jeder Zeit«. Der Liedtext beschwört die Magie des immer beständigen, vitalen Grüns und nimmt, da nicht von Nadeln, sondern von Blättern die Rede ist, durchaus Bezug auf die vielen Gestalten des Weihnachtssymbols. Außer Fichte und Tanne war der Weihnachtsbaum ja früher genauso Stechpalme, Buchs, Thuja, Eibe. Nie schien die botanische Pflanzenfamilie sonderlich wichtig, bedeutend war vielmehr die immergrüne Symbolik und, vor allem: der uralte Mythos Baum.

Lange bevor es Menschen gab, bedeckten Urwälder unseren Planeten. Und seit es Menschen gibt, konzentrieren sich im lebendigen Dickicht der Moose und Farne, Eichen und Fichten unendlich viele Hoffnungen, Ängste und Phantasien. In der menschlichen Gedankenwelt verwandelten sich Bäume in Götter, Tod und Teufel und in den Menschen frappierend ähnelnde Gestalten, wie Zauberer und Feen. Kein Wunder bei der sichtbaren Wesensverwandtschaft von

Hommage an den mystischen Zauber des nordischen Waldes: glitzernder Silberbaum mit Elch.

Baum und Mensch! Genau wie der Mensch verliert sich das Geschöpf mit dem furchigen Leib und den blättrigen Armen in der Masse seiner Artgenossen. Auch der Mensch will, wenn er endlich in gutem Boden wurzelt, daraus nicht gerissen werden. Ächzt und stöhnt nicht der morsche Baum zuweilen ganz wie ein alter Mann? Knacken die Zweige nicht wie menschliche Fingergelenke? Blutet er nicht wie der Mensch aus seinen Wunden? Das Dasein des Baums hat wie das unsrige einen Anfang und ein Ende.

Der Wald steht still und schweiget. Ach, könnte er doch erzählen von den Generationen, die kommen und gingen, von ihrer Arbeit, ihrem Fleiß und Leid! Man kann es kaum fassen, und doch ist es wahr: Die ältesten unserer monumentalen Kultbäume beobachten das merkwürdige menschliche Treiben seit über 3000 Jahren. Sie wachsen und leben ungestört bis heute, weil kei-

ne Generation es wagte, sie anzutasten und die Schutzgötter der Giganten zu provozieren. Ihre dichten Kronen beschatteten schon die Opferaltäre der Schamanen. Unter dem Blätterdach schlugen die Römer das Feuerholz für ihre Eisenhütten. Da hieben die Normannen die Balken für ihre Kathedralen. Ihnen folgten jene Holzfäller, die Stämme für die Planken der Schiffe schlugen, damit Helden zur See fahren, die Welt erobern und fremde Völker unterjochen konnten. An den Bäumen tagten Gerichte, palaverten die Räte des Dorfs, liebten sich heimlich die Paare, gebaren Tiere ihre Jungen. Tausendmal Picknick, Rendezvous, Streit, Schwatz, Verschwörung. Vorbei zogen Wanderer, Zimmerleute, Köhler, Jäger,

Händler und Kräutersammler. Den Wäldern entstammen Städte, Flotten und Kriege. Da wohnten Räuberbanden und heilige Einsiedler. Die Wälder waren Zufluchtsort der Verfolgten und tödliches Labyrinth für die Verirrten. Und allen Generationen waren die großen Kultbäume Medium spiritueller Imaginationen.

Wir befinden uns im Jahr 50 v. Chr. Ganz Gallien ist von den Römern besetzt ... Ganz Gallien? Nein! Ein von unbeugsamen Galliern bevölkertes Dorf hört nicht auf, dem Eindringling Widerstand zu leisten. »Beim Teutates!« flucht da im Geäst der großen Dorfeiche Miraculix, der Druide. Blut tropft auf den Boden. Dem weißbärtigen Zauberer fuhr die goldene Sichel in den Daumen, als er eine Mistel von einem Ast sägen wollte. Mißlungen, die Aktion, verdammt! Dabei weiß doch jeder, der das gallische Dorf kennt, in dem Miraculix wohnt, wie wichtig die Mistel für jenen Zaubertrank ist, den der Druide immer für Asterix und Obelix brauen muß. Dem Saft verdanken sie solche Bärenkräfte, daß die zwei häufig nur so zum Spaß ganze Römerlegionen verhauen. Schließlich glauben alle Gallier (oder Kelten) fest an die magischen Kräfte der Mistel. Und man weiß ja, was ein Glaube alles kann!

Aber weg vom Comic, hin zu den verbürgten historischen Tatsachen: Im Jahr 70 n. Chr. schrieb der römische Gelehrte Plinius: »Nichts haben die Druiden, was ihnen heiliger wäre als die Mistel und der Baum, auf dem sie wächst.« Das klingt so, als wäre den Römern der keltische Mistelkult nun wirklich nicht ganz geheuer gewesen. Dabei haben sie doch selbst jede Menge Kult mit heiligen Pflanzen getrieben, mit Palmen, Ölzweig und Lorbeer zum Beispiel. Aber aus den Mistelbeeren preßten sie bloß eine Art Klebstoff. Das muß den Galliern wie Blasphemie erschienen sein. Denn nach keltischem Mythos streuten die Götter selbst den Mistelsamen in das Geäst ausgewählter Bäume. Die Mistelernte, Privileg der Druiden, vollzog sich stets am sechsten Tag nach Neumond. Nur mit goldenen Sicheln durften die magischen Pflanzen geschnitten werden. Berührte ein Zweig die Erde, verlor er seine Zauberkraft.

Wahrhaft ein eigenwilliges »Gemüse« (Asterix), diese struppige, nicht besonders hübsche Mistel. Die vermutlich älteste weihnachtliche Kultpflanze wurzelt nicht am Boden, sondern schmarotzt sich so durch zwischen Himmel und Erde, wo sie im Winter exklusiv in entlaubten Wipfeln leuchtet. Sie wächst nicht zum Sonnenlicht, sondern wohin sie will. Noch heute trauen wir ihr alles zu, Gutes und Böses. Die Pflanze ist Friedens- und Liebessymbol, bannt in vielen europäischen Sagen Unheil, Krankheiten und Dämonen, bringt Glück und Kindersegen. Jeder Schüler lernt schon im Englisch-Unterricht: no mistletoe, no luck. (Kein Mistelzweig, kein Glück). Natürlich kennt jeder vor allem den britischen Weihnachtsbrauch, wonach sich ein Paar küssen darf, wenn es sich gerade mal, rein zufällig natürlich, unter dem an den Türstock genagelten Zweig trifft. Prompt sollen sich danach – so droht die Sage – Eheglück und Kindersegen einstellen. Die Mistel soll deshalb in Britannien auch sehr gefürchtet sein.

Hinter dem Kuß-Brauch steckt eine norwegische Fruchtbarkeitslegende. Der blinde Mistelgott Hödur tötete seinen Bruder Baldur, den Gott des Friedens, mit einem Pfeil aus Mistelholz. Andere Götter belebten den Friedensgott und gaben die Mistel zur Verhütung weiterer Unglücks an Freya, die Göttin der Liebe und Fruchtbarkeit. Freya übertrug ihre magischen Kräfte dann auf ihren grünen Schützling. Heute sind fast alle weihnachtsfeiernden Europäer auf den grünen Zweig der Kelten gekommen. Nun gehört er zu den Weihnachtspflanzen wie Tannengrün und Stechpalme. Die meisten üppigen Büschel kommen aus Südfrankreich, aus speziellen Mistelzuchtanlagen.

Abergläubisch, wie wir nun mal alle mehr oder weniger sind, hoffen wir, wenn wir sie aufhängen, wohl insgeheim ein bißchen auf ihre alte gute Zauberkraft. Nach altdeutscher Sage stammt die Mistel ja aus dem Göttersaal Walhall, von wo aus ihr Same zur Erde fiel und in den Bäumen hängen blieb. Bei den Germanen war sie das Symbol des zwölf Tage währenden Julfests. Opfertiere wurden mit Misteln besteckt, die Hallen mit Mistelzweigen geschmückt, die nebst Dämonen übrigens auch üble Träume bannen sollten. Keine andere Pflanze hat soviele Volksnamen: Albkranken, Donnerbesen, Druidenfuß, Schwindelkraut, Heiligkreuzholz, Hexenbesen, Leimkraut. In der christlichen Kirche war sie immer unbeliebt, im Aberglauben war sie freilich stets verwurzelt. »Die Misteln helfen dem Schwindel und nehmen die Blödigkeit des Hirns hinweg«, heißt es im »Kreuterbuch« des Hieronimus Bock von 1577. Kinder trugen Mistel-Amulette um den Hals, um die bösen Geister von sich fernzuhalten. Im »Aichmistlin-Paternoster«, einem in Silber gefaßten Rosenkranz aus Mistelholz, verbinden sich heidnischer Abwehrzauber und christlicher Glaube. Wenn man der Mistel im Mittelalter eine Heilwirkung bei Epilepsie zutraute, so, weil man meinte, Dämonen verschuldeten die »fallende Sucht«. Wie oft bei Mythen steckt darin ein wahrer Kern, denn die antiepileptische Wirkung der Pflanze ist heute erwiesen. Wer Mistelbeeren (Vorsicht: ungenießbar!) auf einem dicken Zweig zerquetscht, kann am Baum im eigenen Garten im nächsten Jahr eine Weihnachtsmistel ernten. Wenn der Aberglaube Recht behält (was wir uns im positiven Sinne immer wünschen!), bringt sie ihm garantiert Glück und schöne Träume! Natür-

lich birgt auch jeder Weihnachtsbaum jede Menge archaischen Mistel-Glauben. In zahlreichen rituellen Bräuchen rund um den geschmückten Baum wird offenbar, daß Glückshoffnungen und Beschwörungsriten von der einen auf die andere Weihnachtspflanze übertragen wurden.

Wer Misteln im Wald holen will, sollte eine Leiter mitnehmen. Menschliche Begleitung wäre auch ganz nett, denn so allein findet man's im Wald leicht ein bißchen gruselig. Die Dunkelheit, die Geräusche. Einerseits übt ja der grüne Tann eine magische Anziehungskraft aus, ein Gefühl von Geborgenheit, aber andererseits ...Wenn sich ein Waldspaziergänger manchmal etwas unwohl fühlt, kann er's ohne weiteres seinen steinzeitlichen Vorfahren anlasten und den von ihnen geerbten Ahnungen. Gemeinerweise flüstern die ihm nämlich immer ein: Vorsicht, im Wald ist's nie ganz geheuer. Wer weiß, was sich da so herumtreibt ...

Unsere Vorfahren waren davon überzeugt, daß Bäume eine Seele besitzen. Die Wälder waren ihnen so heilig wie uns die Kirchen. Der Glaube an heilige Bäume und Wälder ist vielen Kulturen heute noch eigen, Indianern genauso wie hinduistischen Indern. Kelten und Germanen fuhr mitunter ein Schauer ins Gemüt, ja sie bekamen Gänsehaut und Schweißausbrüche, wenn sie den Wald betraten. Gelegentlich liefen sie sogar gefesselt zwischen den Bäumen herum, nur um den Baumgöttern zu beweisen, daß sie nichts Böses im Schilde führten. Nach dem Schöpfungsmythos der Edda, in der die altnordische Sagenwelt zusammengefaßt ist, entstanden die Menschen aus Bäumen; aus der Ulme wurde eine Frau, aus der Esche ein Mann.

Seit Jahrtausenden halten Bäume die mystische Welt der Menschen zusammen. Der germanische Weltenbaum Yggdrasil breitete überallhin seine Zweige aus. Er bestand sozusagen aus mehreren Etagen und war so klug konstruiert, daß befeindete Parteien einerseits in sicherer Distanz wohnten, sich andererseits aber doch so nahe kamen,

daß Spannung im Kosmos garantiert war. In den Wipfeln wohnten die Götter, im Stamm Pflanzen und Tiere, in den einzelnen Wurzeln siedelten neben gräßlichem Gewürm und Tod auch die Menschen. Beim Weltenbaum ist zwar immer die Rede von der »Weltesche«, aber die Germanen stellten sich darunter vermutlich einen immergrünen Nadelbaum vor. Heilig war ihnen auch die immergrüne Eibe. Vermutlich liegt das an den giftigen Nadeln, die für Zaubertränke und Arzneien verwendet werden konnten. Übrigens genießen Eiben auch heute einen Sonderstatus. Da sie leider zu den aussterbenden Gewächsen gehören, stehen die raren Exemplare unter Naturschutz. Gleiches könnte bald auch der Tanne widerfahren; sie zieht sich ebenfalls langsam, aber sicher aus den Wäldern zurück. »O Tannenbaum!« – schon gleicht der Liedtitel leider auch einem Sorgenseufzer. In den nordischen Wäldern war das üppige, hohe Nadelgewächs früher weit verbreitet; stets stand es in nächster mythologischer Nähe zum Weltenbaum, der manchmal als Fichte gesehen wurde und manchmal auch kopfstehend die Mythenwelt beherrschte.

An der Spitze der göttlichen Baumhierarchie stand bei den Germanen die Eiche. Aus diesem

Grund avancierte sie auch bei den Nachkommen zum nationalen Symbol für Unbeugsamkeit und Stärke. Eichenlaub bekränzte Helden und Sieger und ziert deutsche Münzen. Falsch ist dennoch die Vorstellung, daß deutsche Baummythen allein auf germanischen Eichen blühen. Stets nährten sich die Überlieferungen von allen möglichen Ideenimporten und damit von einer unbändigen, internationalen Fabulierlust. Spätestens als bei den Wanderungen der Völker in den ersten Jahrhunderten nach Christus alle Welt in Bewegung kam und die Stämme nur so durcheinanderwuselten, geriet die europäischen Sagen- und Mythenwelt vollends in Aufruhr. Zwar blieben die Bäume göttliche Gestalten, aber Namen und Eigenschaften wurden wie in einem Kartenspiel kräftig durchgemischt. Da spielte Zeus gegen Odin, die heidnische Freya gegen die christliche Maria. Der Hirsch der hellenischen Jagdgöttin Artemis verwandelte sich mitten im Wald in den kreuzgeweihten Hirsch des Heiligen Hubertus. Der Kult um Aphrodite fand sich wieder in der Marienverehrung.

Alte Geister sind langlebig, und die Eichengötter Zeus und Thor besetzen namentlich immer noch unsere Dienstage und Donnerstage. Die europäischen Baumgötter verwandelten sich während Völkerwanderung und Christianisierung zu Feen und Trollen, Korrigans und Poulpiquets, Kobolden und Nissen. Sie leben heute noch als Rübezahl und Rumpelstilzchen weiter. Sie streichen als Robin Hood durch Sherwood Forrest und sind, zu Gartenzwergen geschrumpft, ins häusliche Idyll eingedrungen.

Fest verankert in unseren Mythen, Märchen und Gefühlen um Bäume ist die römisch-griechische Antike. Schon im frühen Mittelalter ehrten die Römer am 25. Dezember das Jesuskind anstelle ihres alten Sonnengotts. Römische Kultur und Kunst wurde von uns übernommene christliche Kunst. Palm- und Lorbeerzweige waren und sind Sieges- und Ehrenzeichen, die es bei Wettkämpfen zu erringen gilt. Palmzweige,

Friedenssymbol des Sonnengotts Apoll, trug Jesus beim Einzug in Jerusalem am Palmsonntag. Heute ist das apollonische Friedenszeichen touristisches Sehnsuchtssymbol für Sonne und Meer, und da schwingt ein kleines bißchen Frieden immer noch mit.

Die Dattelpalme der Araber, die hochgerühmte »Königin der Oase«, gehört zu den frühesten künstlerischen Darstellungen der Geburt Christi. Schon Homer besang den heiligen hohen Palmbaum vor dem Heiligtum des Sonnengotts Apollon auf Delos. Odysseus betrachtete die Palme »wie ein Wunder«. Noch heute ist sie ein orientalisches Fruchtbarkeitssymbol, liefert die Pflanze doch eine Überfülle nährstoffreicher Früchte. Bekanntlich steckt ja in jedem scheinbar noch so zufälligen Beiwerk einer frühen Krippendarstellung tiefe Symbolik. Da steht die Palme am Stall von Bethlehem auch stets für die Sehnsucht nach Frieden und die Göttlichkeit der fruchtgebenden Natur, in die Gott seinen Sohn schickte. Auf dem Weg der Kunst ist so die heilige arabische Palme, an die namentlich auch die weihnachtliche Stechpalme erinnert, zu einem typisch europäischen, weihnachtlichen Baumsymbol geworden.

In der christlichen Verehrung des Kreuzes wohnt noch der heidnische Glaube an die göttliche Verwandlungsfähigkeit des Baums. Der Baum verwandelte sich zum Kreuz, an dem Christus starb. Galgenbäume und Marterpfähle sind Orte menschlicher Qualen seit der Antike, auch in der Mythologie. Am schrecklichsten ist die Saga, in der Apollon den armen Marsyas an eine Pinie hängen ließ, um ihm die Haut abzuziehen. Tröstlich nur, daß keine mythologische Schinderei so ganz ohne einen rettenden Aspekt stattfindet. Gleichzeitig waren und sind Bäume, verwandelt oder im Urzustand, bevorzugte Orte paradiesischer Erlösung – so wie das Kreuz der Christen.

Nächste Doppelseite:
Der Basler Andreasplatz in der Weihnachtszeit.

Daß Bäume sich auch in die Musik der Harfen, Geigen und Klaviere, in Bücher und Skulpturen verwandeln, hat ihre herausragende Position in der Volksmystik natürlich auch gefestigt.

Und so wurde denn das Fällen eines Baums in vergangenen Jahrhunderten oft als amoralische Freveltat betrachtet und als solche geahndet. Das betraf auch den Weihnachtsbaum. Wenn in vielen Gemeinden Gebote und Verbote mit dem Ziel erlassen wurden, das Schlagen von Weihnachtsbäumen zu verhindern oder zumindest zu regeln, könnten dabei neben wirtschaftlichen auch ethisch-psychologische Gründe eine Rolle gespielt haben. Nicht zu vergessen die Politik. Einen Baum fällen, das bedeutete Freiheit, das hatte in der Vergangenheit oft einen rebellischen oder triumphalen Charakter und stellte Besitzverhältnisse unter Beweis.

Rächen sich die Baumgötter für das, was wir ihnen antun? Grollen sie uns, weil wir sie mit Äxten, Sägen, Hämmern und Nägeln in Häuser und Möbel verwandeln? Ein Gedanke, der unseren Vorfahren nicht fremd war. Mit allerlei Baumkulten und Verzaubereien versuchten sie, die bösen Dämonen in den Bäumen zu bannen oder zu neutralisieren. Kultische Baumverwandlungen dienten oft auch der Trennung vom Alten und der Begrüßung des Neuen – ein Aspekt, der dem Christbaumschmücken bis heute innewohnt. Wir kommen da keinesfalls um ein Eingeständnis herum: Beim Baumschmücken beschwören wir insgeheim die alten guten Baumgeister. Alle Kulturen verehrten Bäume mit vielerlei kultischen Riten, Indianer wie Griechen oder Wikinger. Alte Eichen, einst Gegenstand vieler Zeremonien, kennzeichnen bis heute mitten auf dem ehemaligen Dorfanger den Mittelpunkt vieler britischer Orte. Beim Aufstellen des Maibaums geben wir immer noch alten Frühlingsgöttern die Ehre.

Lebenssatte, tief gefurchte, knorrige Baumgestalten mit weit ausladenden Kronen sind bis in unsere Tage noch Kathedralen der Andacht, unter denen wir so gern sitzen, um vor uns hin

zu träumen und uns in unseren Gedanken zu finden. Mütterliche Bäume wie die Linde im Lied vom Brunnen vor dem Tore versprechen uns Geborgenheit: »Komm her zu mir, Geselle, hier find’st du deine Ruh ...« Unter Bäumen ruhen die Toten. Bäume sind Orte der künstlerischen Imagination. Sie inspirierten den romantischen Maler Caspar David Friedrich zu seinen berühmten vieldeutigen Bildvisionen: trotzige, gepeitschte und zerrissene Veteranen die einen, junge, stolze Recken die anderen. Bäume, wie sie von politischen Mythenplünderern nur zu gern für ideologische Zwecke mißbraucht wurden. Ein beliebter Trick seit Urzeiten. Wälder fungieren seit der Antike als Symbole für trutzige Heere; sie beherbergten schon die Legionen griechischer Götter.

Rauschende Fröhlichkeit unter Bäumen – natürlich, das ist uns immer noch das liebste! Alle die herrlichen Sommerfeste um die großen Linden, die Dorfwirtshäuser an den Kastanien – Bäume sind pralle Lebenslust, unschuldiger, paradiesischer Urzustand. Wobei wir endlich bei den Wunderbäumen im Paradies wären, dem Baum der Erkenntnis und dem Lebensbaum. Sie reihen sich ein in den Wald der alten weisen Mythen, die so und so zu deuten sind, aber niemals ganz einfach und nur derart vordergründig, wie wir das gern mit dem Apfelbaum, der verführerischen Eva und ihrem verführten Adam tun. In der Geschichte stecken grundtiefe Dramatik und ein vielsinniger Widerspruch. Wer sich im Paradies am Baum der Erkenntnis bediente und in eine Frucht biß, der konnte fortan zwar wie Gott zwischen Gut und Böse unterscheiden – aber er verlor seine Unsterblichkeit und wurde des Paradieses vertrieben. Als lockende Alternative wuchs da noch der erlösende Lebensbaum, der außer Unsterblichkeit weiter nichts verhieß, nicht die geringste Erkenntnis. Eine denkwürdige paradiesische Zwickmühle steckt hinter den zwei Extrembäumen; sie sind so gegensätzlich wie Glaube und Unglaube. Aber jeder trägt Heil und Unheil in sich und fordert vom Menschen Entscheidungsfähigkeit. Will er der Erkenntnis wegen auf ein ewiges Dasein verzichten? Oder will er lieber ewig leben und nichts erkennen? Der 24. Dezember, Heiligabend, ist dem Gedenken an Adam und Eva gewidmet, und der Weihnachtsbaum trägt deren paradiesisches Dilemma weiter: schön und verlockend, süß und sündig.

Mitten im Zauberwald biß auch Schneewittchen in so ein rotwangiges Früchtchen. Die schöne Prinzessin erstickte und fiel in einen todesähnlichen Schlaf, aus dem sie der Kuß des Prinzen erlöste. All das passierte hinter den sieben Bergen bei den sieben Zwergen, und man darf getrost vermuten, daß hier die Volksdichtung jede offensichtliche Anzüglichkeit vermeiden wollte. Wahrscheinlich symbolisiert der Apfel des Mädchens Unschuld; die hat diese im Zauberwald verloren und doch den idealen Gatten fürs Leben gefunden. In den Wäldern und unter Bäumen, Orte göttlicher Verführung schon in der antiken Klassik, spielte sich allzeit allerhand ab, wovon des Dichters Höflichkeit schweigt, es sei denn, die Sache ist moralisch so astrein wie die Baumsage des römischen Dichters Ovid. Da wünscht sich ein altes Paar einen gemeinsamen Tod, damit keiner der beiden Liebenden das Grab des anderen sehen muß. Zeus und Hermes verwandeln die zwei in eine Eiche und eine Linde mit ineinander verschlungenen Ästen. So für immer untrennbar in ihrer Liebe leben die beiden weiter fort ...

Unsere Weihnachtsmärchen spielen in Winterwäldern. Advent ist, wenn in den Wäldern die warmen Herbstfarben blaß werden und die ersten Schneestürme in die Wipfel fahren. Die Flechten auf den Rindenkrusten werden sichtbar, Zaunkönige verkriechen sich in ihre Nester. Herrlich, wenn sich der Schnee nun dick auf die Fichten und Tannen legt und die Wintersonne die Kristalle funkeln läßt. Stille und Frieden und überall ein strahlendes, unschuldiges Weiß. Und doch sorgt der weihnachtliche Winterwald für die schönsten Farbenwunder. Hier, ausgerechnet mitten im Winter, legen manche Vögel ihr Prachtkleid an und scheinen überzusprudeln vor Lebensfreude. Blaumeisen, Kohlmeisen, Buchfinken und Stieglitze spotten gegen die Farbenarmut des Winters. Sie passen in unseren weihnachtlichen Zauberwald wie Hänsel und Gretel, die Zwerge und die Feen, die zwischen den souverän schweigenden, gutmütigen Tannen und Fichten ihren Schabernack treiben. »Von drauß' vom Walde komm' ich her ...« – das trifft unser weihnachtliches Empfinden in den tiefsten Tiefen. Alle Jahre wieder.

Der Marthof am Marktplatz in Basel.

LICHTBLICKE

KERZEN –
DIE HELLE FREUDE

Und die Flammen schweben, weben,
Wundersam wird mir zumut.
Heinrich Heine: »Altes Kaminstück«

hre Bauart ist von vorgestern, der technische Reifegrad bestenfalls frühes Mittelalter. Die Leistungswerte? Miserabel. Sicherheitsstandards? Feuerschutz? Alles Fehlanzeige! Peinlich auch immer wieder, wenn sie vor aller Augen und in der besten Gesellschaft so unkontrolliert trieft und kleckert. Ob nur fingerklein oder sogar baumstammdick – in jedem Fall bleibt die windscheue, kurzlebige Kerze ein flackerndes Nichts in der taggrellen Elektronacht. Merkwürdig, daß wir uns für das angejahrte, unnütze Modell überhaupt noch erwärmen.

Aber keine Sorge. Natürlich bleiben wir Feuer und Flamme für die sanfte, strahlende Festbegleiterin. Kein Edison wird das lebendige Kerzenlicht je auspusten können, kein Laserstrahl wird je tiefer ins Herz dringen. Das heiße Zünglein wirkt zuverlässig und unwiderstehlich; während das Wachs so dahinschmilzt, weicht, deutlich spürbar, etwas Kühles, allzu Vernünftiges von unserer alltagsgestreßten Seele. Nostalgische Weihnachtsverse erzählen anrührend, welche seligen Empfindungen der Lichterbaum in seinen Betrachtern wachruft. Vor allem die Poesie der Romantik schwärmte vom hehren Glänzen der Kerzen am Weihnachtsbaum, von der lieblichen Milde des Lichterscheins und entzückte sich an der Flammen Widerschein in weit offenen Kinderaugen. Heute, da schwelgerische Fabulierkunst nicht gerade im Trend liegt, wirkt der Lichterbaum nicht weniger berückend. Es ist nur viel schwerer, zeitgemäße Worte dafür zu finden. Sagen wir also schlicht und untertrieben: Kerzen am Baum sind die helle Freude.

Andererseits: Ganz so einfach sollten wir's uns auch nicht machen, wenn wir schon, die Lichter am Weihnachtsbaum vor Augen, über die Effekte der strahlenden Pracht nachsinnen wollen: Licht ist schließlich das vieldeutigste aller Symbole und ohne Zweifel immer noch das mächtigste. Das Licht der Erkenntnis

siegt gegen die Furien des Aberglaubens. Das Licht der Erinnerung hilft gegen die Tragik des Vergessens. Licht ist wie Sehnsucht und Hoffnung, wie Trost, Freude und Wärme. Dunkelheit dagegen ist Nacht, Angst und Trostlosigkeit. Das alles fühlen und wissen Menschen schon seit Jahrtausenden.

Feuer und Wasser. Licht und Dunkelheit. Leben und Tod. Der Urkontrast der Welt offenbart sich in diesen absoluten Gegensätzen, deren Sinn sich auch den glänzendsten Philosophen nie recht erschließen wollte. Das Licht-Dunkel-Thema blieb deshalb immer mystisch und religiös. Schon seit Urzeiten markiert Licht den Beginn allen irdischen Lebens. Im ersten Buch Mose steht geschrieben, daß Gott sein Schöpfungswerk mit den Worten begann: Es werde Licht. Naturwissenschaftler reden heute vom Urknall – einer gewaltigen, jede Vorstellungskraft sprengenden Explosion, mit der vor Jahrmilliarden Licht und Leben in die Welt kamen.

Zugegeben: Am Weihnachtsbaum geht's um weniger spektakuläre Lichtereignisse. Doch Lichtexperten behaupten, daß sich beim Anblick von Kerzen die dramatischsten Assoziationen einstellen können. Die Kerzenflamme bannt unseren Blick und fesselt unsere Aufmerksamkeit. Während die alte menschliche Verbindung zum Feuer bei manchen Erwachsenen oft nicht mehr so stark ist, funktioniert bei Kindern der archaische Lichtmagnetismus normalerweise noch sehr gut. Kinder wollen ja fortwährend Kerzen anzünden und ausblasen. Sie spielen leider nur zu gern mit dem Feuer. Die Lichter am Weihnachtsbaum empfinden die meisten kleinen Betrachter als etwas überwältigend Großartiges und überaus Erstaunliches. Vor allem kindliche Augen reagieren sehr sensibel auf Licht, dem der Mensch ja auch seine früheste sinnliche Erfahrung verdankt. Wenn wir bei unserer

Geburt das Licht der Welt erblicken, ist das – nüchtern betrachtet – zwar meistens nur die Lampe im Kreißsaal. Psychologen meinen freilich, daß diese allererste Lichterfahrung immer prägend bleibt und nicht zuletzt deshalb Licht immer wieder starke Gefühle und Wunschvorstellungen zu wecken vermag. Und sind auch nicht wir Erwachsene ab und zu sehr dankbar, wenn uns die Sonne endlich von der Nacht erlöst?

Die Dunkelheit verwandelt uns nicht nur zu willenlosen, schutzlosen Schläfern. In der Nacht suchen uns gelegentlich auch Dämonen heim und plagen uns mit Alpträumen, Schmerzen und allerlei Ängsten. Tröstlich wiederum, daß nachts Mond und Sterne am Himmel erscheinen und

uns als verläßliche Richtungsweiser selbst auf dem Meer Orientierungshilfe geben.

Kerzen brennen und vergehen, sich selbst verzehrend, während sie Licht und Wärme spenden. Deshalb sind sie ein altes Symbol für Leben und Tod und Opferbereitschaft. Natürlich erinnern sie uns auch an die Sterne am Himmel, von denen Astrologen glauben, daß sie unsere Schicksale mitbestimmen. Folglich hat sich die Kerzensymbolik am Baum mit altem Zahlenaberglauben verbunden. Es gibt vielerlei Regeln bezüglich der richtigen Zahl der Kerzen am Weihnachtsbaum.

Wunderbarer Blickfang im verschneiten Winterwald.

Eine Empfehlung besagt, es sollen sieben Kerzen sein, nach der früher angenommenen Zahl der Planeten, von denen man hoffte, daß sie über die Baumkerzen positiven Einfluß auf die Geschicke der Menschen nehmen würden. Eine andere Regel spricht von zwölf Lichtern, den Sternbildern der zwölf Tierkreiszeichen entsprechend. Üblich waren auch 24 Kerzen. Als Glücksomen gilt ferner die Anweisung: Immer eine gerade Zahl von Kerzen an den Christbaum stecken, weil nun mal ungerade Zahlen, allesamt Verwandte der bösen 13, Unglück bringen sollen.

Licht und Weihnachten – eine uralte Verbindung überstrahlt da einige Winterstunden lang die moderne Neonkühle. Nach jahrtausendealten Überlieferungen wies ja eine seltsame, hell leuchtende Himmelserscheinung den Weisen aus dem Morgenland den Weg zum neugeborenen Christkind. Noch heute rätseln Astronomen, welches Licht damals am Himmel gestanden haben mag. War's ein Komet? Eine seltene Sternenkonstellation? Keine Computerberechnung brachte bisher Licht ins Dunkel der Geschichte.

Ein Licht blendete die Hirten, als ihnen der Engel die Geburt Jesu verkündete. Um den Knaben in der Krippe war ein heiliges Glänzen. Licht galt stets als Metapher für Christus. Oft wurde er in einem weißen, alle Wirklichkeit übergleißenden Gewand dargestellt. Schon zu seinen Lebzeiten sahen in ihm seine Anhänger den strahlenden

Baum und Kerzen ergeben auch nebeneinander arrangiert eine stilvolle Verbindung.

Erlöser, der die dunkle Welt erleuchtet und die Menschen vom Übel des irdischen Daseins befreit. Brennende Lichter waren gerade für Christen immer etwas Besonderes, etwas, das eng mit ihrem Glauben zusammenhing. Mußten sie doch schon am Anfang ihrer Religion, von Verfolgern bedroht, in dunklen Räumen und Höhlen im flackernden Schein kleiner Feuer heimlich ihre Andachten zelebrieren. Nicht zufällig feiern die Christen auch die Geburt ihres Heilands am 25. Dezember, jenem Tag, an dem die Römer den Sonnengott, Sol invictus, verehrten. Eine altchristliche Legende erzählt, daß nach der Geburt Christi drei Sonnen am Himmel erschienen. Auch der 6. Januar, Epiphania, ist heute noch ein altes Lichterfest, das genau wie Weihnachten und Weihnachtsbaum seinen Zauber aus der mystischen Spannung zwischen Licht und Dunkel gewinnt.

»Diese Lichter zünden wir an zum Andenken an die Wunder, Siege und Machttaten, die du an unsern Vätern durch deinen heiligen Priester getan hast.« Mit diesem Satz wird alljährlich die erste der acht Kerzen des Chanukka-Leuchters angezündet. Das Chanukka-Fest, das auf ein historisches Ereignis 167 v. Chr. zurückgehende jüdische Fest der Tempelweihe, wird acht Tage lang in unserer Weihnachtszeit gefeiert. Während die Festlichter leuchten, ruht die Arbeit. Jeden Tag wird eine Kerze mehr am Leuchter entzündet, bis am achten Tag alle Lichter brennen. Ein Ritual also, das an die vier Kerzen an unserem Adventskranz erinnert. Indes ist ungewiß, ob dieser noch jungen Tradition auch tatsächlich das Chanukka-Zeremoniell zugrunde liegt.

Im Licht offenbart sich in vielen Religionen und Kulten das Göttliche. Mit dem lebensnotwendigen Licht versorgen uns ja auch außerirdische Quellen: Sonne, Mond und Sterne, früher in den meisten Religionen Gottheiten. In der altgriechischen Mythologie bringt der Titan Prometheus den Menschen Kultur und Feuer, das er vom Himmel auf die Erde trägt. Heilige Feuer brennen in Tempeln und Kirchen, ja sogar bei sportlichen Wettkämpfen – den Olympischen Spielen. Kerzen sorgen für Andacht, markieren Altarräume, erleuchten Ikonen. Ekstatische Visionen der Heiligen, die in der sakralen Kunst auch mit einem Heiligenschein dargestellt werden, waren meistens Lichtvisionen. Mit Kerzen suchten und suchen Menschen in aller Welt nach Transzendenz in ihrem Dasein. Dabei waren und sind Kerzengestalt und -material häufig von religiösen Regeln abhängig. Bei den Christen soll die Kerze seit dem 11. Jahrhundert aus dem Wachs der »reinen und keuschen Biene« bestehen. Heute noch enthalten Ceresinkerzen am Altar bis zu 55 Prozent Bienenwachs.

Ohne Licht keine Dunkelheit. Keine Dunkelheit ohne Licht. Der ägyptische Pharao Amenophis IV., Echnaton genannt, verehrte einen einzigen Gott: die Sonne. Ihr Lauf zeichnete den Lauf des Lebens nach: Aufgang, Höhepunkt, Untergang. Ihr tägliches Wiedererwachen und Wiedersterben kam der immerwährenden Regeneration alles Lebendigen gleich. Sonnenkulte kennen in der Antike zahlreiche Parallelen. So waren beispielsweise Erde und Kosmos schon in den altiranischen Glaubenslehren des Propheten Zarathustra Kampfplätze der Mächte von Licht und Dunkelheit. Und doch spielten in den nordischen, winterdunklen Ländern Lichtmythen und Feuerrituale schon immer eine noch größere kultische Rolle als in den helleren und wärmeren Gefilden des Südens.

Letztlich steht jede von uns entzündete festliche Kerze noch in einer gewissen traditionellen Beziehung zu alten Sonnen- und Feuerkulten. Daß die hochverehrte Sonne im Mittelpunkt germanischer Riten stand, kann kaum verwundern, lugt doch gerade im skandinavischen Winter die goldene Scheibe kaum über den Horizont. Die Germanen fürchteten denn auch, daß die Sonne eines Tages von einem Wolf verschlungen würde. Danach, so lehrte sie eine alte Prophezeiung, kehrt auf Erden andauernder Winter ein. Nur zwei Menschen überleben und gründen ein neues Geschlecht. Die Sonne wird nun wieder ihre Bahn am Himmel ziehen, und ein goldenes Zeitalter wird anbrechen.

Warum wir gerade im Winter Lichtblicke dringend nötig haben und diese mit soviel größerer Wonne aufnehmen als im Sommer, kann uns die Wissenschaft seit einigen Jahren gut erklären. Licht beeinflußt unseren Hormonhaushalt und die Stimmungslage. Zudem ist in die Gehirne aller Lebewesen das Wissen eingemeißelt: Kälte bedroht dein Leben. Wenn es kalt wird und dunkel, neigen wir zu Niedergeschlagenheit. Die Wintertrübnis der Seele ist heute ein bekanntes medizinisches Phänomen, genannt SAD (Seasonal Affective Disorder), die Winterdepression, die mit Lichttherapien erfolgreich behandelt werden kann. Diese Antriebsschwäche ist keine Krankheit, sondern ein Erbe aus Urzeiten. Im Grunde sind wir nämlich, wie viele Säugetiere, Winterschläfer. Leider gestattet die Zivilisation den Menschen keineswegs die winterliche Faulheit. Wir dürfen nur noch unseren winterlichen Höhlentrieb pflegen und uns in die gemütliche Geborgenheit der warmen Stube zurückziehen. Da drinnen entzünden wir dann Kerzen, um – wie Psychologen meinen – unsere träge animalische Natur mit Licht in Frühlingslaune zu bringen. So betrachtet, wirken Weihnachtskerzen immer auch als winterliche Seelentröster.

Doch damit ist noch lange nicht erklärt, warum sie uns gar so tief ergreifen können. Und schließlich haben wir die schützenden Höhlen einst auch der Lichtblicke wegen verlassen. Licht ist Welle, Strom, Energie. Licht ist Ästhetik. Licht wirkt immer leicht und erdenfern, niemals schwer. Maler entrücken im künstlerischen Umgang mit Licht die dargestellten Personen der Wirklichkeit. Sie schufen vor allem in alten Krippendarstellungen schöne Lichtszenen. Den Knaben umgibt oft ein mystischer Strahlenkranz. Seine Mutter erscheint als anbetungswürdige, überirdisch schöne Lichtgestalt.

Licht macht einen Lebens- und Arbeitsbereich angenehm. Und weil es sich dabei durchaus um elektrisches Licht handeln kann, ist wohl das Kunstlicht am Weihnachtsbaum gar nicht so verwerflich, wie Kerzenfans oft meinen. Denn seine Magie bezieht Licht vor allem aus der Spannung zum Dunkel, eine Spannung, die unabhängig von der Art der Lichtenergie existiert. Als Edison 1879 die Glühbirne entwickelte, entdeckte er zwar eine abstrakte Leuchtquelle, aber er konnte das Licht damit gottlob nicht grundsätzlich entmystifizieren.

Ursprung der lebendigen Kerze ist das Lagerfeuer. Zuerst nahmen die Menschen brennende Holzstücke aus dem Feuer und steckten sie wie Fackeln in den Boden. Bald stellten sie auch fest, daß manche Holzarten besonders lang brannten. Daraus entstanden schließlich die Fackeln – Holzstäbe, die mit Harz oder Pech bestrichen wurden. Vermutlich entstand diese Urform der Kerze etwa 1000 Jahre vor unserer Zeitenwende. Der Docht war dann übrigens, wer hätte das gedacht, eine revolutionäre Erfindung, in seiner bewegenden Wirkung auf die menschliche Kultur durchaus mit dem Rad vergleichbar.

Der Begriff Kerze kommt aus dem Lateinischen »cereus« und wird im 1. Jahrhundert als kurzlebiges Licht an einem Faden beschrieben. Die erste Kerze, optisch kaum von heutigen zu unterscheiden, brannte vermutlich schon kurz nach Christi Geburt. Als ältestes erhaltenes Exemplar gilt heute ein Museumsexponat in der provencialischen Stadt Vaison/la Romaine. Angeblich stammt diese Kerze aus dem 1. Jahrhundert. Das will freilich nicht heißen, daß Kerzen damals schon weit verbreitet waren. Über Jahrhunderte diente zur Beleuchtung von Räumen und Häusern in Fett oder Öl getränktes Kienholz. Der Gebrauch von Wachskerzen war lange Jahrhunderte ein luxuriöses Privileg der Wohlhabenden. Die teuren Lichtträger leuchteten immer nur in Sälen, Burgen und Schlössern. So war es ja auch am Weihnachtsbaum, der im 17. Jahrhun-

dert von Adeligen zum Lichterbaum verwandelt wurde. Der erste Beleg für einen beleuchteten Baum stammt aus dem Jahr 1660. Weil Kerzen so teuer waren, behalf man sich übrigens oft mit kleinen Öllämpchen, gebastelt aus Nußschalen.

Da die ersten Kerzen aus Wachs bestanden, war das Wachszieherhandwerk immer eng mit der Imkerei verknüpft. Dagegen lag die Industrie in den Händen der Seifensieder. 1818 wurde das Stearin und 1830 das Paraffin entdeckt, Grundsubstanzen der Kerzenherstellung bis heute. Erst diese neuen Materialien machten die Kerzen erschwinglich.

Moderne Kerzen bestehen aus Bienenwachs oder Paraffin (Mineralwachs), Ozokerit (Kohlen-wasserstoffe), Stearin (Fettsäuren) sowie aus pflanzlichen oder synthetischen Wachsarten. Den Docht bilden in der Regel gedrehte Baumwoll-fäden.

Wir leben heute, lichttechnisch gesehen, in einer Zeit seltsamer Kontraste. Wir entzünden Kerzen, wir knipsen Scheinwerfer an, wir nutzen die Lasertechnik, wir sitzen gern in fröhlicher Runde ums Lagerfeuer. Und Weihnachten entzünden wir Kerzen, damit auch in unserer Seele Lichter brennen.

Fränkische Dorfidylle im Advent: Weihnachtsmarkt mit Weihnachtsbaum.

ANDERE *L*ÄNDER, GLEICHE SITTEN

DIE INTERNATIONALE ERFOLGSGESCHICHTE DES WEIHNACHTSBAUMS

Dort … stand ein großer Christbaum, der ein höchst
pittoreskes und unwirkliches Bild bot …
Es waren insgesamt 80 Lichter in delikaten Glaseiern,
die im gleichen Verhältnis aus weißen, roten und blauen
gemischt waren. Wenn der Baum sich bewegte,
wechselten die Farben und während einer Umdrehung
gingen alle Lampen aus und wieder an.
Das war ein fortwährendes Glitzern tanzender Farben …
man kann sich ungefähr nichts Schöneres vorstellen.
Der amerikanische Autor Philip V. Snyder

Jedes Jahr um Weihnachten verbreiten amerikanische Bildagenturen Fotos einer Szene voll Glanz und Gloria, ganz nach Monarchien-Art. Anders als in einem Königreich sorgen die Wähler freilich für häufigen Darstellerwechsel: Das amerikanische Präsidentenpaar zeigt sich im Weißen Haus an einem fürstlich aufgeputzten Weihnachtsbaum, um der Nation strahlend gelaunt frohe Festtage zu wünschen. Und immer wieder ist das Volk hell entzückt: Der Präsidentenbaum ist ja wieder wundervoll! Längst hat die mit unzähligen kunterbunten Utensilien behängte Tanne in Washington den Rang eines Nationalsymbols. Und so darf sich natürlich sehr geschmeichelt fühlen, wer, wie jedes Jahr ein ausgewählter Kreis kleiner und großer Leute, das stolze Prachtexemplar in natura bewundern kann.

Schon seit über 100 Jahren ist der Festbaum ein multikulturelles Phänomen, heimisch und heißgeliebt diesseits und jenseits des Atlantiks, von Feuerland bis Alaska, von Kapstadt bis Grönland. An zahlreichen wunderbaren historischen Standorten wird dem Weihnachtsbaum jedes Jahr auch die besondere Ehre zuteil, als eine Art Denkmal auf Zeit große Bewunderung zu genießen. Dort, wo bekanntlich vieles ein bißchen größer ist als im alten, bescheidenen Europa, erreichen heutzutage auch Weihnachtsbäume wahrlich triumphale Ausmaße. So auch die traditionelle Riesentanne, die alljährlich die Bürger von New York am Rockefeller Center mit Tausenden von Lichtern und einer Superhöhe beeindruckt. Sie gilt sicher zu Recht weltweit als Rekordhalter unter den öffentlich aufgestellten Weihnachtsbäumen, jedenfalls was die kapitalen Dimensionen betrifft. Sehr schön ist auch ein feierlicher Brauch, der alljährlich in einem Wald nahe von San Francisco zelebriert wird. Dort steht eine mächtige Tanne, die über 2000 Jahre alt sein soll – wahrscheinlich die älteste Tanne der Welt. Jedes Jahr in der Christnacht kommen viele Menschen, entzünden Kerzen unter dem Baum und singen Weihnachtslieder.

Als der Christbaum vor über anderthalb Jahrhunderten das allererste Mal den deutschen Sprachraum überschritt, nahm er seinen Weg gen Norden über den Kanal nach England. Seine Auslandspremiere erlebte er in einem ihm angemessenen stilvollen Rahmen. Die spätere Königin Viktoria war 13 Jahre alt, als sie voller Begeisterung den ersten britischen Weihnachtsbaum betrachtete, und zwar bei sich zu Hause. Die junge Prinzessin beschrieb 1832 in ihrem Tagebuch zwei auf runden Tischen stehende geschmückte grüne Bäumchen. Richtig Aufsehen bei den Briten erregte die Sitte aus Germany trotzdem erst Jahre später. 1848 schilderte eine Londoner Zeitung auf einer vollen Seite einen mit Zuckerwerk und Kerzen dekorierten königlichen Weihnachtsbaum in allen Einzelheiten. Danach erwuchs, allerdings sehr zögerlich, dem traditionellen Mistelzweig ein großer, stacheliger Konkurrent. Schon früh kam auch ein Weihnachtsbaum nach Frankreich. 1840 wurde der erste an einem geschichtsträchtigen Ort, und zwar in den Pariser Tuilerien, aufgestellt.

Das ganz besonders innige Verhältnis, das die Amerikaner traditionell zum Weihnachtsbaum pflegen, hat sich von den Urgroßeltern auf die Nachfahren vererbt. Schließlich ist dem Christbaum ein kleines, aber sehr anrührendes Kapitel in der legendären Besiedlungsgechichte des neuen Kontinents gewidmet. Es ist etwa 150 Jahre her, daß Deutsche erstmals Christbaumschmuck mit nach Amerika brachten. Bunte Glaskugeln, sorgfältig in Holzkisten verpackt, gehörten zum

Hausrat, den die mutigen Pioniere auf Schiffen über den Atlantik transportierten und der danach in den Wagen der großen Einwanderer-Trecks mit nach Westen rumpelte. Glücklich, wer damals die geliebte buntzarte Pracht aus der Heimat über all die Wochen und Monaten seiner gewiß strapaziösen Reise heil ans ersehnte Ziel brachte. Manche Amerikaner hüten heute voller Stolz einen historischen Familienschatz: alte Christbaumkugeln als Zeugnisse des Pioniergeists ihrer Vorfahren.

Historische Quellen behaupten, daß der aus Wetzlar stammende August Imgard 1848 den ersten Weihnachtsbaum auf amerikanischem Boden festlich schmückte. Doch für die entscheidende Publicity in den USA sorgte das Warenhaus Woolworth. 1880 verkaufte F. W. Woolworth in seinem Laden in Pennsylvania den ersten aus Deutschland importierten gläsernen Christbaumschmuck. Das Glitzerwerk fand sofort Anklang. Schon im Jahr 1900 wurden bei Woolworth sage und schreibe 200 000 Christbaumkugeln abgesetzt. Klar war also von Anfang an: Amerikaner sind Weihnachtsbaumfans. Da wächst ein prächtiger Markt für Baumschmuck. Versuche, schon während des ersten Weltkriegs unabhängig von Deutschland eine eigene Christbaumschmuckindustrie in den Vereinigten Staaten zu etablieren, schlugen aber zunächst fehl. Erst ab 1938 konnte man in den USA Baumbehang aus nationaler Produktion erwerben.

Und die Amerikaner kamen – wie kann es anders sein – auf eine besonders zündende Idee: Sie erfanden die elektrische Baumbeleuchtung, ohne die ja die Bäume im Freien nie erstrahlt wären. 1882, Edisons Glühbirne leuchtete erst drei Jahre, wurde der erste elektrisch illuminierte Weihnachtsbaum der amerikanischen Öffentlichkeit präsentiert. In Deutschland kamen elektri-

Der Pariser Eiffelturm als gigantischer, großzügig illuminierter Weihnachtsbaum.

Weihnachtsbaum in Moskau.

sche Christbaumkerzen erst kurz nach der Jahrhundertwende in den Handel. Daß seit Jahrzehnten in Amerika bunte Lichtspiele am Baum so viel beliebter sind als in Europa, hat also auch seine historischen Gründe. Sehr hübsch findet man dort auch lustige Figuren-Glühbirnchen, die in Europa eher gegen das Geschmacksempfinden verstoßen. Nirgendwo sonst werden Häuser, Parks und Straßen in der Weihnachtszeit toller illuminiert, und Amerikaner gelten heute auch als die leidenschaftlichsten Christbaumschmuck-Sammler.

In keinem Industrieland ist der Weihnachtsbaum heute noch gänzlich unbekannt. Schließlich haben die Medien, allen voran das Fernsehen, das Bild vom strahlenden Dezemberbaum bis in den letzten Winkel des Globus geschickt. Edle

Wanner-Glaskugeln gehören zum Sortiment der führenden Kaufhäuser in aller Welt (Liberty, London; Bergdorf & Goodman, New York; Lafayette und Printemps, Paris; Sazabi Inc., Tokio; Käfer, München). Auch in Australien, Island, Kanada, Saudi-Arabien und Afrika werden Christbäume und Baumschmuck in jährlich wachsenden Mengen gekauft. Allmählich ziehen nahezu alle asiatischen Staaten nach, obwohl dort das Weihnachtsfest ja keineswegs zur religiösen Tradition gehört. Vor allem Japan zählt zunehmend zu den christbaumschmückenden Ländern. Im Land der aufgehenden Sonne wurde auch der angeblich teuerste Weihnachtsbaum der Welt dekoriert – ein kleines Bonsai-Bäumchen aus Silber und Edelsteinen – Preis: 5 Millionen Mark!

Hawaiianer schmücken zu Weihnachten exotische Blumenbäume, auf Malta liebt man bunten Flitter an den Zweigen. Die Pariser verwandeln im Advent die fast zwei Kilometer langen Baumalleen an den Champs-Élysées vor dem Arc de Triomphe mit zigtausenden kleiner Lichter in eine atemberaubende Prunkstraße, und wenn der Eiffelturm von Kopf bis Fuß im Festornat erstrahlt, dann steht er wie ein baumgewordener Gigant am Nachthimmel. Auch am Roten Platz in Moskau wird traditionell eine Tanne aufgestellt, am Petersplatz in Rom leuchtet ein würdiger Lichterbaum. Direkt am Nürnberger Christkindlesmarkt, dem ältesten und romantischsten Weihnachtsmarkt der Welt, flankieren zwei große Tannen die Frauenkirche, von deren Balkon aus das weltberühmte Christkind die kleine Weihnachtsstadt aus Tuch und Holz eröffnet. Überall geben Bäume die stimmungsvolle Kulisse für weihnachtliche Konzerte, und in den Touristenorten sorgen sie natürlich für pittoreske Kalenderszenen, neben dem Rathaus im mittelalterlichen Rothenburg genauso wie am Münchner Marienplatz. Schnee und Frost machen da das Märchenbild perfekt.

Aber südlich des Äquators, etwa in Südamerika, ist alles ganz anders. Heiligabend herrscht meistens sengende Hitze. Schon im Advent verziert man gern die Stadtbäume an Straßen und in Parks mit Folienbändern und Sternen. Heiligabend feiert man übermütig unter mit Girlanden und Luftballons geschmückten Zweigen. Danach kann's passieren, daß man die bunten Tupfer einfach zu herrlich findet und den Flitter dranläßt. Also verharren in La Paz, Rio oder Lima manche Straßen und Plätzen fast ganzjährig im fröhlichen Weihnachtszustand. In Mexiko und einigen Nachbarländern entwickelte sich der typische Baumbehang aus der Krippenkultur.

Püppchen, die der Krippenszenerie entstammen, findet man dort besonders oft an den Bäumen – die kleinen Figuren werden auch exportiert. Was besonders merkwürdig anmutet: Einige Staaten sind zu Zentren der Christbaumindustrie geworden, ohne daß dort je Christbäume geschmückt wurden. Dazu gehören beispielsweise die Philippinen, Taiwan und Kaschmir. Gelegentlich wird der Schmuck dort auch mit einheimischen folkloristischen Ornamenten verziert, die – in unseren Augen – mit Weihnachten nur wenig zu tun haben.

In den letzten Jahrzehnten entwickelten sich weltweit etwas unterschiedliche Deko-Moden. Bewußt oder unbewußt orientiert man sich in vielen Ländern gern an den nationalen Symbolen. Die Engländer lieben, deutlich mehr als andere Nationen, ein klares Rot und ein strahlendes Blau am Weihnachtsbaum – tongenau abgeschaut vom Union Jack, dessen Streifendekor auch auf den Wannerschen Glaskugeln zu finden ist. Für viele Amerikaner gehören etwa Freiheitsstatue und Mickey Mouse ganz selbstverständlich an den Baum. In den USA hat sich außerdem eine allgemeine Vorliebe für die Farben Rot und Grün und die Sterne und Streifen der US-Flagge am Baumbehang entwickelt – Design auch auf Wanner-Kugeln. Die Deutschen – Nationalfarben Schwarz, Rot, Gold – hegen eine ausgeprägte Vorliebe für die Farben Rot und Gold am Christbaum, daneben mögen sie aber auch die traditionellen Silberbäume. Die Österreicher schmücken gern im alpenländischen Stil – etwa mit Modeln und Strohsternen. Die Schweiz dekoriert festlich-üppig und bevorzugt Rot-Gold-Kombinationen und Silber-Gold-Mischungen.

Diamantenbestecktes japanisches Bonsaibäumchen für 5 Millionen DM.

ZURÜCK ZU DEN RITUALEN

DIE KRAFT DER NEUEN, ALTEN KULTUR

Und wieder stampft der Nikolaus
durch jeden Kindertraum.
Und wieder blüht in jedem Haus
der goldengrüne Baum.
Erich Kästner: »Der Dezember«

Der Winter kannte kein Erbarmen. Es herrschte Dauerfrost. Schon im Dezember rieselte leise und zuverlässig der Schnee. Herrlich war's, immer Schlittschuhlaufen und Schlittenfahren zu können. Manchmal spielte der Weihnachtsmann mit dem Leierkasten »O Du fröhliche«. Es dudelt noch im Ohr, als sei es gestern gewesen. Heiligabend verlief in glückseligster Harmonie. Diese fassungslose Freude auch über die bescheidensten Geschenke! Und unter den Stiefeln knirschte der Schnee auf dem Weg zur Christmette, als wollte er das Läuten der Glocken übertönen …

Betagte Menschen trauern oft so wehmütig den guten alten Weihnachtszeiten nach, daß man selbst ein bißchen traurig wird, weil man heute lebt, wo alles leider nicht mehr so schön ist. Selten ein dick zugefrorener See. Nicht halb soviel Schnee. In den erinnerungsseligen Weihnachtsgeschichten türmen sich am 24. Dezember ja noch Berge der weißen Pracht vor den Haustüren, und drinnen herrscht die wunderbarste Hüttenheimelichkeit. Eine ahnungsschwangere, spannungsgeladene Atmosphäre macht sich breit. Wie haben sie doch als Kinder den ganzen Tag ungeduldig gebibbert, kaum auszuhalten war's. Dann – endlich! Unbeschreiblich dieser seit Wochen herbeigeträumte Moment der Wonne, als sie, von einem hellen Bimmeln gerufen, durch die Tür traten. Was für ein herrlicher Weihnachtsbaum! Was für ein Strahlen! Was für ein Kinderglück!

Lange vor Weihnachten hatten sich die Eltern unserer Eltern gegen ihren Nachwuchs verschworen. Daß sie ständig geheimnisvoll miteinander tuschelten, stürzte ihre Kinder in einen wochenlangen seelischen Ausnahmezustand. Es war eine Phase, in der die Phantasie ihnen die tollsten Dinge schenkte, der lästige Verstand jedoch Einwände erhob. Ein Fahrrad? Bestimmt ist das den Eltern zu teuer. Ein neuer Schlitten? Ach, wär' das fein! Möglich oder nicht? Während die Eltern komplizierte Versteckstrategien erörterten, das Fest planten und die in Frage kommenden Geschenke gedanklich hin- und her drehten, übten die Kinder das Spekulieren, Hoffen, Glauben und Verwerfen. Ein spannendes Ritual vor dem Ritual war das. Die Eltern wußten ganz genau, was sie wollten: Ihre Kinder sollten an Weihnachten riesengroße Augen machen! Das Fest – es mußte ein Fest des geheimnisvollen Getues und der Überraschungen werden.

Der 24. Dezember. Nachts, während die Kinder schliefen, schleppten ihre Eltern den Baum aus seinem finsteren Schuppenversteck ins Haus und ins längst penibel geputzte, nach Bohnerwachs duftende Wohnzimmer. Die Kiste mit dem Baumschmuck wurde vom Speicher geholt, die Schachtel mit den Süßigkeiten aus einem verborgenen Kellerwinkel nach oben befördert. Dann wurde die Tür zum Wohnzimmer verschlossen und das Schlüsselloch mit Papier verstopft. Am Morgen waren die Kinder (obwohl sie nichts anderes erwartet hatten) ganz aus dem Häuschen. Ständig lauschten sie an der Tür: Hört man etwas? Ist vielleicht das Christkind da drin? Stunden vor der Bescherung ließen sich die Kleinen nur zu gern unter einem Vorwand aus dem Haus schicken. Stundenlanges Schmücken, Sich-Freuen. Na, die Kinder werden aber Augen machen!

Wie dann der geschmückte Lichterbaum den Kindern präsentiert wurde, das war perfekt inszeniert. Das glich haargenau einer feierlichen Denkmalsenthüllung. In einem einzigen Moment verwandelte sich die kindliche Ungeduld in wonniges Verblüffen. Was gab es da nicht alles zu entdecken! Jede Menge Köstlichkeiten lockten am prächtigen Baum. Die Bescherung war natürlich ein Fest für sich. In jedem ehrfürchtig ausgepackten Geschenk offenbarte sich – nein, nicht der materielle Wohlstand –, sondern elterliche Sorgfalt und Liebe.

Und weil die, die das miterlebten, heute mit ihren Enkeln Weihnachten feiern, können sie zwischen damals und jetzt vergleichen und irritiert feststellen, daß manche Eltern heute alles viel lockerer sehen. Heute helfen die Kinder beim

Schmücken des Baums, und über ihre Geschenke wissen die Kleinen meistens lange vor dem Fest Bescheid. Heute, so räsonieren viele Senioren, regieren das Fest leider Planlosigkeit, Wohlstand und Überdruß statt Rituale, Staunen und Liebe.

Das ist schon eine prüfende Betrachtung wert. Wird Weihnachten heute wirklich weniger freudvoll erlebt? Sind alle Geheimnisse verweht? Ist der Zauber vergangen? Wenn ja, was kann man dagegen unternehmen?

Schon in der Adventszeit platscht leider nur der Regen in die Pfützen, man findet kaum noch Zeit, Weihnachtskarten zu kaufen, vom Schreiben und Wegschicken ganz zu schweigen. Geschenkekaufen – das ist der Hyperstreß der letzten Woche. Überhaupt – einige jammern jetzt nur über die Preise, das Schmuddelwetter und die Hektik. Diese verflixte Parkplatzsuche! Die über-

füllten Supermärkte! Es scheint, als wären manche tatsächlich froh, wenn die Feiertage überstanden sind und mit ihnen die vielbeklagte kollektive Kaufhysterie. Warum ist das weihnachtliche Weh so groß? Weil man leider kein naives Kind mehr ist? Sind wirklich die so ganz anderen materiellen Umstände schuld? Oder liegt es daran, daß wir Chancen, die im Überfluß vorhanden sind, zuwenig nutzen? Warum lassen wir uns eigentlich von jenen die Festlaune trüben, die – in einer notorischen, ja fast auch schon rituellen Weise – alle Jahre wieder alles so mies finden?

Wanner-Dekorationswelt in der Weihnachtsstube am Spalenberg. Für Kunden aus aller Welt gehört ein Bummel durchs Geschäft längst zu den beliebten Ritualen der Vorweihnachtszeit.

Überlegen wir doch einmal. Jene Weihnachten, von denen die Senioren heute schwärmen, fanden in den ersten vier Jahrzehnten des 20. Jahrhunderts statt. Als Großvater ein Kind war, herrschten Arbeitslosigkeit, Hunger, Krieg und Flüchtlingselend. Da müssen die Weihnachtsfeste wie Inseln aus dem Meer der Hoffnungslosigkeit geragt haben. Im Fall des Kindes, das später unser Großvater wurde, verhielt es sich vielleicht wie bei Millionen anderer Kinder. In dem Bemühen, ihrem Sohn die kindliche Sorglosigkeit nicht zu nehmen, behielten die Eltern ihre Kümmernisse für sich. Gegen die Nachrichten aus der unheilen Welt errichteten sie eine Barriere familiärer Harmonie. Ihm zuliebe stilisierten sie gerade dieses Fest zum romantischen Monument des reinen Glücks. Sicher war dieser Junge wie alle Altersgenossen: phantasievoll, zuversichtlich,

neugierig. Auch wenn draußen alles zerbrach – daheim fühlte er sich geliebt und geborgen. Weihnachten weckte all seine Phantasie und eine übermütige Begeisterung. Nein, die Erinnerungen trügen Großvater nicht. Weihnachten – da konnte er sich endlich mal sattessen und sattsehen. Weihnachten – das war die herrliche Ausnahme in seinem anspruchslosen Kinderleben.

Und doch, es besteht nicht der geringste Anlaß, daran zu zweifeln: Viele Kinder von heute werden in Jahrzehnten genauso selig in Erinnerungen schwelgen von ihrem wundervollen Weihnachts-

Familiäre Biedermeieridylle mit zwei Weihnachtsbäumen. In den beginnenden Boomzeiten des Weihnachtsbaums bekam jedes Kind sein Bäumchen.

baum und dem gemütlichen Elternhaus. Dabei wird freilich der krasse Unterschied zwischen täglicher Entbehrung und Festkomfort keine Rolle spielen. Es gibt ihn ja nicht mehr – Gott sei Dank. Zu dumm wär's auch, darüber zu klagen. Keiner kann schließlich ernstlich wollen, daß man sich morgen voll Wehmut der heutigen materiellen Fülle erinnern muß. Was ganz sicher vielen Kindern als Weihnachtserinnerung bleiben wird, ist ein flaumleichtes Gefühl.

Noch deutlicher als Erwachsene spüren die Jungen, daß das Ereignis die Seele streichelt. Wenn es nach altem Brauch gefeiert wird, ist das Fest der göttlichen Geburt ja immer auch eine Gemeinschaftszeremonie des Vertrauens: So froh, wie wir heute sind, werden wir immer sein.

Wir leben in einer an sinnvollen und erinnerungswerten Ritualen armen Zeit. Die Kraft der Religion schwindet. Ein Mysterium nach dem anderen wird enträtselt und erledigt. Wunder verwandeln sich in sachliches Wissen, der berufliche Alltag wird als kühle Routine empfunden. Fast scheint es, als bliebe auf Dauer nur ein Mirakel unbeschädigt: die menschliche Seele. Und so regt sich denn endlich eine alte Sehnsucht wieder. Noch ist's erst ein Anfang, der freilich bei vielen Anlässen – vor allem bei Hochzeiten – deutlich sichtbar wird. Die rätselhafte Macht des festlichen Zaubers erlebt eine glänzende Renaissance. Der Geist der Zeit schätzt wieder Kulte und Rituale.

Man kennt ja die Frage: Wo ist heute, da kommerzielle Interessen anscheinend alles regieren, noch der Sinn des Weihnachtsfests? Eigentlich genügt eine schlichte Antwort: Es liegt an jedem selbst, dem Ereignis einen Sinn zu geben. Das Fest jedenfalls bietet alle Chancen.

Gar nicht so schwer wär's schon mal, sich von Klagen über die schlimme vorweihnachtliche Hektik zu distanzieren. Origineller ist's auf alle Fälle, die Adventszeit als vitales Treiben wahrzunehmen, das freilich stattfindet, wo wir nun mal leben, nämlich in einer hochtechnisierten Welt.

Wenn der Wille da ist, kann auch – oder gerade – in dieser Welt jeder seinen Beitrag für ein fabelhaftes Fest leisten, an das sich später alle mit Freude zurückerinnern.

Noch in den zwanziger Jahren wurde Weihnachten gestaltet, als wär's eine Bühneninszenierung mit Auftakt, Mittelstück und Ende. Die Stimmung war wie sonst nie: außerordentlich feierlich. Heiligabend wurde erst gegessen, dann die Weihnachtsgeschichte vorgelesen, dann folgten Hausmusik plus Gesang, danach Stille und Gedenken, anschließend Bescherung. Später Gang zur Christmette. Danach vielleicht noch Geschichtenerzählen, Erinnerungen austauschen. Im Detail des Ablaufs steckten viele abergläubische Regeln. Man durfte nur zu bestimmten Zeiten bestimmte Dinge essen. Zahlen spielten eine große Rolle, etwa die Zahl der Kerzen am Weihnachtsbaum. Verpönt war's ferner, über Heiligabend (auch Neujahr) noch Schulden zu haben. Wäsche durfte nicht auf der Leine hängen. Der Geldbeutel mußte gefüllt sein, während des Essens durfte niemand klingeln usw.

Daß während des Kriegs und auch in den Nachkriegsjahren die bunte Pracht der Rituale verblaßte, bedauern vor allem Psychologen und Wissenschaftler, die sich mit dem Sinn von Traditionen beschäftigen. Nach 1945 mußten Millionen geflohener und entwurzelter Menschen irgendwo wieder Fuß fassen und neu anfangen. Es fiel ihnen schwer, ihre alten regionalen Bräuche dort wiederzubeleben, wo sie ihrer Meinung nach ja gar nicht hingehörten. Wer am gewohnten Ort weiterlebte, schaute auch lieber nach vorne als zurück. Den Menschen steckten noch gewisse Erfahrungen mit politischen Ritualen in den Knochen.

Um es klar zu sagen: Man hatte mit gutem Grund die Nase voll von kultischen Veranstaltungen. Damals verschwanden in diesem Zusammenhang jedoch leider auch sehr alte, im politischen Sinne harmlose Zeremonien, nach denen heute wieder gesucht wird.

Blick in einen Weihnachtskarton liebevoll zusammengetragener Einzelstücke in Silber und Rot.

Was ist ein Ritual, worin liegt der Sinn? Ursprünglich dienten Riten nur religiösen Zwecken, aber Psychologen bezeichnen heute jede Handlung, die in einer festgelegten Weise abläuft und einen bestimmten, nicht materiellen Zweck verfolgt, als Ritual. Das kann vieles sein – Zähneputzen genauso wie der Ringetausch des Brautpaars am Altar. Der beste Grund für Rituale: Sie machen großen Spaß. Ob das allein dahintersteckt oder noch etwas anderes, ist nicht ganz klar. Jedenfalls rühmen Experten die »Anschubkraft« der Riten. Schon seit Jahrtausenden verdanken ihnen Menschen richtige Energie-Kicks. Zweifelsfrei belegt ist ein therapeutischer Effekt. Psychologen empfehlen heute auch Gesundungsrituale und raten beispielsweise,

nach überstandener Krankheit gemeinsam mit der Familie die Medikamente in einer Art Zeremoniell wegzuwerfen, um sich damit von der Krankheit zu befreien.

In früheren Jahrhunderten verging kein Tag ohne mehrere kultische Rituale. Heute ist der Weihnachtsfestkreis die einzige Zeitspanne im Jahr, in der im privaten Leben noch etliche nichtreligiöse Riten verbreitet sind. Am beliebtesten: der Ritus der Bescherung. Vor allem in christlich geprägten Gegenden erhielten sich noch wundervolle, vom Schenken unabhängige Festabläufe.

Verbreitet ist beispielsweise: Heiligabend wird um 23 Uhr gegessen. Dann beginnt eine Stunde der Stille, anschließend geht man zur Mitternachtsmette. Der gute Sinn dahinter: Man tut's gemeinsam und in friedlichem Einvernehmen. Undenkbar, die gleiche Gefühlstiefe im Erleben zu erreichen, wenn jeder gerade das macht, was ihm einfällt. Genau das, so lautet heute die Kritik, ist aber in den Nachkriegsjahrzehnten passiert.

Empfohlen wird deshalb eine neue, alte Festkultur: Zurück zu den rituellen Wurzeln des Weihnachtsfests, zum besonnenen Planen, zum festgelegten Ablauf, zu den Geheimnissen und zur Gemeinschaft. Egal, wo und wie: Weihnachten sollte man tunlichst nicht allein verbringen. Wenn junge Leute nun das Fest fröhlich im Freundeskreis zelebrieren, so könnte da durchaus eine neue Festkultur wachsen. Umfragen weisen darauf hin, daß Zeremonien im Familienkreis wieder mehr gepflegt werden. Endlich kreuzen Kinder ihre Geschenkwünsche nicht mehr im Warenhauskatalog an. Wunschzettel sind wieder »in«. Geschenke werden wieder liebevoll ausgesucht, deutlich dabei das Bemühen um Sinn und Gehalt – der Preis allein imponiert nicht mehr.

Die alte Erkenntnis setzt sich wieder durch. Weihnachtsfeste können und sollten zu Meilensteinen im Leben werden. Wenn ein Kind an einem Weihnachtstag mit den Eltern ein Konzert besucht, wird es sich immer daran erinnern. Spielt es nur mit den neuen, teuren Spielsachen, wird das kaum in den Schatz seiner unauslöschlichen Erinnerungen eingehen.

Manche Leute pflegen zu Weihnachten ein gestörtes Verhältnis. Kaum anzunehmen, daß sie als Kinder wunderschöne Feste miterlebten. Vielmehr scheinen da die Rituale zwanghaft abgelaufen zu sein, womöglich haperte es obendrein mit der familiären Harmonie. Verständlich, daß sie Feiern heute als lästige »Verpflichtung« begreifen. Sie kritisieren die erstarrten, passiv hingenommenen Traditionen. Vor allem

aber nervt sie das Kommando: Jetzt mußt du dies oder jenes tun! Jeder kennt ja die köstlichen Satiren, in denen Weihnachten zum Fiasko entartet: Mutter bricht zusammen, Vater tobt, Kind schreit. Die Gans verschmort im Ofen. Der Christbaum geht in Flammen auf usw.

Leider ist das Szenario bisweilen nahe an der Wirklichkeit. Die Angelegenheit ist auch alles andere als einfach. Feiern will tatsächlich gelernt und geübt sein. Aber wie bringt man jedem Teilnehmer bei, daß er den guten Verlauf mitverantwortet? Was, wenn Tante Erna wieder ihre berühmten spitzen Bemerkungen losläßt und allen die Festlaune vermiest? Also wählt der gute Festregisseur den Kreis, in dem er feiern will, mit Bedacht und überlegt, ob er den Gästen seine nörgelnde Tante zumuten will oder nicht doch die nette, temperamentvolle Cousine Sabine zu Tisch bittet.

Jedes festliche Ereignis ist schließlich auch eine intellektuelle Herausforderung, die angenommen werden will. Sich neu und vorurteilsfrei auf die Dinge einlassen. Das, was man als lästigen Gefühlsballast begreift, abwerfen. Überlegen, ob man nicht Traditionen neu und anders gestalten will. Zustandserforschung, Auseinandersetzung mit sich selbst und anderen. Den szenischen Ablauf festlegen. Gut organisieren und nichts vergessen.

Selbst hochzivilisierte Zeitgenossen scheuen festliche Zeremonien oft aus Angst, sich lächerlich zu machen. Schade, denn die Courage zum festlichen Auftritt sollte eigentlich selbstverständlich sein. Weshalb auch Pädagogen den Eltern raten, mit ihren Kindern schon frühzeitig festliche Rituale zu üben, die generell das Selbstbewußtsein und den Mut für einen öffentlichen Vortrag stärken. Und weil es heute für und gegen jedes Problem Fachleute gibt, stehen feiernden Perfektionisten sogar schon Profis mit Rat und Tat zur Seite. Sogenannte »Festbüros« helfen gegen Entgelt bei der Inszenierung von Festen und geben Tips zur Überwindung der berüchtigten festlichen Stereotype. Freilich müssen selbst die Fachleute bekennen: Die alten Bräuche sind meistens faszinierender als neue Ideen, sie bedeuten in der Regel viel mehr.

Nach einer Feier ist einem normalerweise wohler. Man weiß, man wird das, was man erlebt hat, nie vergessen. Dieses Es-war-damals-so-wundervoll-Gefühl hilft übers ganze Leben.

TIPS

Fragen Sie doch Ihre Eltern und Großeltern, welche weihnachtlichen Bräuche früher gepflegt wurden, die man heute nicht mehr kennt. Überlegen Sie, welcher Sinn dahinter steckte. Könnte es Spaß machen, den Brauch zu pflegen? Versuchen Sie es doch einfach!

Folgende alte Riten empfehlen sich
zur Wiederbelebung:
◆ Bringen Sie am Heiligen Abend nur frisches, nicht angeschnittenes Brot und frische, nicht angeschnittene Butter auf den Tisch. Das will besagen: Heute haben alle die Chance, schlechte alte Gewohnheiten zu überwinden. Heute wird alles frisch. Nichts ist alltäglich.
◆ Wer von der Familie oder von den Freunden miteinander Streit hat, sollte sich vor dem Essen versöhnen. Diskussionslos. Ohne Wenn und Aber. Bedingungsloser Frieden.
◆ Dann, so will es ein alter schlesischer Brauch, mit einem gemeinsamen Schluck Schnaps »den Wurm begießen«, der Zwietracht säte. Er ist damit ertränkt und sollte sich nie wieder rühren.
◆ Stellen Sie am 4. Dezember, dem Barbaratag, Apfel-, Forsythien- oder Kirschzweige in lauwarmes Wasser. Sie werden Heiligabend blühen und versprechen Glück im kommenden Jahr.
◆ Streuen Sie auf den schön dekorierten Weihnachtstisch einige Brotkrümel. Das sind die

Opfergaben für die himmlischen Gäste, die Engel. Damit bedanken Sie sich auch bei Ihrem Schutzengel. Sicher bleibt er Ihnen damit auch im kommenden Jahr treu.
◆ Streuen Sie Vogelfutter auf den Balkon oder in den Garten. Füttern Sie alle Tiere; Sie wissen ja: Heiligabend können Tiere sprechen. Hören Sie hin. Sicher verstehen Sie sie heute ganz genau.
◆ Bitten Sie nach dem Essen alle am Tisch Sitzenden, einen Moment zu schweigen und sich zu besinnen. Ein Moment der stillen Meditation gehört zu jedem Fest. Danach geht's immer, das lehrt die Erfahrung, um so fröhlicher zu.

DER WEIHNACHTSBAUM HEUTE – IDEEN UND IDEALE

»Wer von uns Aelteren hätte wohl in seiner Jugend geglaubt, daß man seinen Christbaum anders schmücken könnte als mit vergoldeten Aepfeln und Nüssen oder mit Marzipan und Pfefferkuchen, den die Mutter selbst gebacken?« So jammerte 1893 das berühmte deutsche Hausfrauen- und Familienjournal »Die Gartenlaube« über die Sitte, den Weihnachtsbaum mit Glaskugeln und anderem neumodischen Zeug zu behängen. Schon damals schwelgten also manche Leute in Nostalgie.

Ein seltsamer Widerspruch gehörte schon immer dazu. Trotz all der ihm entgegengebrachten Liebe konnte es der Weihnachtsbaum selten allen recht machen; vielmehr gab sein Aussehen laufend Anlaß zu aufgeregter Kritik. In gewisser Weise war jeder Generation und jeder Region eine andere, eigentümliche Schmücksitte »heilig«. Ein bißchen hatte das auch stets mit der irrigen Vorstellung zu tun, der Christbaum sei ein uraltes frommes christliches Symbol, das auf ewige Zeiten nicht verändert werden dürfe.

Gute Schmücker, böse Schmücker. Die historische Literatur verrät, daß sich an der Frage des

»richtigen Baumschmückens« sogar regelrechte Dogmenstreiterein entzündeten. Mal herrschte, etwa nach der Biedermeierzeit, die Ansicht, der Baumschmuck müsse auf jeden Fall süß und eßbar sein. Immer dabei war die Vorstellung, daß Maschinen einen Gegenstand profanisieren, Menschenhände ihn jedoch »weihen«. Da ergingen fast schon verpflichtende Aufrufe zum Selbstbasteln des Behangs, weil ja andernfalls der Baum »weniger ideell« sei. Selbst politische Ideologien spielten mit. Bis heute haben Bastelempfehlungen für den Baumbehang immer dann Hochkonjunktur, wenn die industrielle Produktion grundsätzlich kritisch bewertet wird. Wie so ein selbstgebastelter Gegenstand aussieht, ist fast schon egal.

Johann Wanner versucht nun, das Ideal der Handarbeit mit optischer Perfektion zu versöhnen. Er verwendet nur Objekte aus handwerklicher Fertigung, die außer dem einmaligen, unverwechselbaren Charakter auch noch ästhetischen Reiz besitzen.

Extravagante Art-Linie im Wanner-Musterzimmer.

Seine Ideen liegen fern jener in der Baumgeschichte wieder und wieder verkündeten Stereotypen, die etwa so klingen: »Unser Baum trägt immer goldene Kugeln, und so ist der Weihnachtsbaum auch am schönsten.« Bei vielen Erwachsenen ist nämlich der eigene Kinderbaum der einzig wahre – lebenslänglich. Große Schwankungen indessen im Medienurteil der letzten Jahrzehnte: Mal kam kritischen Journalisten der Weihnachtsbaum viel zu kitschig-sentimental und gefühlsschwanger vor, dann wurde wieder das angebliche Gegenteil beklagt: Nur noch Deko ohne Gefühl und Inhalt.

Und ist es nicht schlimm, wenn Kinder schon lange vor Weihnachten überall jede Menge geschmückter Bäume sehen? Herrscht nicht schon im Advent eine Christbaum-Inflation? Beliebte Klagen. Selten wird die Gegenfrage gestellt: Ist es nicht schön, daß im dunklen, gewöhnlich etwas trostlosen Dezember überall Lichterbäume leuchten? Natürlich ist dieser eine Baum, der Heiligabend daheim im Wohnzimmer steht, nach wie vor etwas ganz Besonderes. Wer hätte auch je einen Baum im Supermarkt als Konkurrenten für das selbst geschmückte Prachtstück empfunden?

Ein feines Feld für Psychologen – diese gelegentlich laut werdende, emotionsgeladene Entrüstung angesichts neuer Extravaganzen am Weihnachtsbaum. Bemerkenswert auch der freudlose Ernst, mit dem der Baum kulturkritischen Betrachtungen unterzogen wird. In der geschichtlichen Entwicklung, deren Motor ja immer der Wille zur Veränderung war, finden die humorlosen Baummoralisten mit Sicherheit keine Argumentationshilfe. Auch nicht im menschlichen Wesen. Man weiß ja: Bei häufiger Wiederholung droht immer Langeweile. Wenn heute, nach der Tannenbaummüdigkeit der siebziger und achtziger Jahre, die Tradition plötzlich fröhlicher blüht denn je, ist's allein dem menschlichen Veränderungstrieb zu danken. Dem Trend weg vom Weihnachtsbaum, der noch vor 20 Jahren in jeder Familie jedes Jahr immer gleich aussah, folgte sogleich der Gegentrend: Wiederbelebung mit einem neuen Bewußtsein für Farben, Symbole, Inhalten und Botschaften.

Heute scheiden sich die Geister längst nicht mehr so stark wie früher. Gerade junge Leute schmücken den Baum so, wie er sich's nur wünschen kann: unbekümmert nach ganz eigenen Vorstellungen. In den meisten Häusern wird er auch Jahr um Jahr prächtiger herausgeputzt. Im üppigen Behang findet sich schließlich weihnachtliche Symbolkraft: des Daseins ganze Fülle, die Vitalität der unbekümmert wuchernden Natur. Aus den Dekorationen der letzten Jahre kann man jedenfalls das Resümee ziehen: Der Baum hat seine einstige Absichtslosigkeit verloren. Gesellschaftliche Zwänge existieren nicht mehr.

Die neue Freude am Weihnachtsbaum gedeiht gemeinsam mit vielen neuen Ideen und Produk-

ten. Umfragen beweisen, daß über 80 Prozent der Deutschen schon in der Vorweihnachtszeit ihr Heim schmücken. Fast genauso viele stellen Weihnachten einen Christbaum auf, ja, es wächst die Zahl derer, die sogar mehrere Bäume schmücken. Über 60 Prozent verwenden Lametta, und an fast allen Christbäumen hängen Glaskugeln. Nur jeder fünfte Baum trägt noch echte Kerzen, der Rest strahlt mit elektrischer Beleuchtung. Der Stil des Schmucks schwankt zwischen Naturalismus und Romantik, zwischen Nostalgie und Avantgarde, zwischen naivem Bastelwerk und coolem Design. Dabei stehen die kunsthandwerklichen Produkte so hoch im Kurs wie lange

Dieser Wanner-Weihnachtsbaum fügt sich perfekt in die moderne Hallen-Architektur des Hotels Viktoria-Jungfrau, Interlaken.

nicht. Eine Sache ist glasklar: Fast jeder wünscht sich Objekte aus der traditionellen weihnachtlichen Glasindustrie auf seinen Baum. Der stilistische Cocktail entspricht der gesellschaftlichen Entwicklung zur Individualität. Das Motto lautet: Etwas Schönes braucht der Mensch, und was schön ist, bestimme ich.

Der verspielte Baum. Der modische Baum. Der bäuerliche Baum. Bäume für staunende Gäste, für kleine Kinder – ja sogar, der letzte Schrei: für Hunde und Katzen. An Weihnachten wird nicht gespart, schon gar nicht am geliebten Weihnachtsbaum. Wohl ist das Tännchen in den letzten Jahren etwas kleiner geworden, dafür baut

man drum herum wunderbar passende Stilleben. Neue Ideen werden heute von Medien schnell verbreitet und populär: etwa die Farbe Lila bei den Glaskugeln oder die Plüschtiere am Baum. Wenig geht noch ohne Witz und Pfiff. Kuriositäten jeder Art erfreuen sich großer Beliebtheit. Der Glaube an die Kraft der Symbole hat den Baum kultischer gemacht. Die Suche nach Mystik und verloren geglaubtem Wissen findet auch am Baum statt, den manche Menschen als tiefgründigen Gedankenspiegel begreifen, in dem ihr Unterbewußtsein plastische Gestalt gewinnt. Der Baum als Medium für den Erkenntniszuwachs: Warum gefällt mir gerade Blau? Wie wirkt Gold auf mich? Nein, das hat nichts mit Jahrmarkthoroskopen zu tun. Weihnachten ist vielmehr generell zu einem psychologisch durchsetzten Feld geworden. Anders als früher kennt heute die Phantasie keine regionalen Grenzen mehr. Den winzigen

Üppig mit edlem Glasschmuck dekorierter Baum im festlichen Rahmen eines historischen Saales.

optischen Details wird große Aufmerksamkeit gewidmet. Bisweilen werden wertvollste Materialien für den Behang verwendet, sogar Edelmetalle. An manchem Ort dient der Weihnachtsbaum auch der ökologischen Andacht, der Besinnung auf die Natur. Da baumeln dann Äpfel und Nüsse am Baum, Holzspielsachen und Strohsterne. Wer sich für die Natur engagiert, hat oft eine Vorliebe für tönerne Schmuckfarben und das traditionelle Recycling-Material Maché, was letztlich nichts anderes ist als umweltfreundliches Papier. Billige Kunststoffe sind in unseren umweltbewußten Zeiten ohnehin geächtet.

Häufiger denn je werden Nostalgiebäume mit zusammengetragenen Erinnerungsstücken gestaltet. Eine neue Sammelleidenschaft ist erwacht. Thema: alter Christbaumschmuck. Auf Flohmärkten oder bei Auktionen ersteht man alte Originalobjekte und ergänzt sie dann mit neuen, sehr sorgfältig gefertigten Nachbildungen. Beliebt sind Kombinationen bewußt zusammengetragener Epochen.

Natürlich sind nicht alle Menschen geneigt, dem Alten vor dem Neuen den Vorzug zu geben. Wohin kämen wir auch, wenn wir Gegenwart und Zukunft vernachlässigen würden! Der Mensch braucht das Alte vor allem zum Vergleichen. Erst dieser Vergleich zeigt, was am Neuen schön oder häßlich, von Vorteil und von Nachteil ist. Ja, und dann sind da natürlich noch all die Trends, der Wechsel der Baummoden. Wir erinnern uns noch gut, daß die ersten Wannerschen Themenvorschläge für Christbäume in den achtziger Jahren irritierten und amüsierten. Moden am Baum? Themen? Wer denkt sich denn sowas Verrücktes aus?

1816 schilderte E. T. A. Hoffmann in seiner berühmten Erzählung »Nußknacker und Mäusekönig« einen Weihnachtsbaum, an dem goldene und silberne Äpfel hingen, Zuckermandeln und bunte Bonbons. Damals war diese Art des Schmückens noch relativ jung. Was der Dichter beschrieb, war schlicht: eine brandheiße, aufre-

gende neue Mode! Wer würde das heute nicht zu komisch finden: Es gab auch Zeiten, da waren ausgeblasene, bemalte Eier als Baumschmuck der letzte Schrei.

Mode ist bekanntlich so alt wie die Menschheit. Schon so besehen paßt sie hervorragend zu einer betagten Tradition. In der Mode findet gesellschaftliche Dynamik ihren Ausdruck. Über aller berechtigten Kritik am hektischen »in« und »out« unserer Zeit sollte man nicht übersehen, daß Trends Merkmale einer offenen, liberalen Gesellschaft sind. Nicht zufällig tauchte ja der Weihnachtsbaum just in jener Zeit auf, als sich das Karussell der Kleidermode erstmals schneller zu drehen begann. Öfter mal was Neues – ohne diesen berühmten Slogan hätte es vermutlich nie einen Weihnachtsbaum gegeben. Er war und ist ein ehrgeiziger modischer Aufsteiger, undenkbar ohne den Willen zum Schick. Selbst dann stand ihm der Zeitgeist treu zur Seite, wenn anscheinend alles beim alten blieb. Für die Nostalgie am Baum waren nun mal junge Leute verantwortlich, die eine Zeitlang sehr auf Opas Klamotten standen.

Werden Christbaummoden heute diktiert wie Kleidermoden? Die Zeiten der Modediktate sind generell vorbei. Noch vor Jahrzehnten beherrschte das industrielle Credo vor allem aus Gründen der Absatzsicherung die Welt der Couture. Die Regel, daß das Angebot automatisch die Mode bestimmt, ist seit Jahren außer Kraft. Neue Ideen sind heute nur dann erfolgreich, wenn sie die Bedürfnisse erraten und erfüllen. Selbstbewußte Konsumenten setzen sich in unseren Tagen keinem Zwang mehr aus. Im Fall des Christbaums gilt vielmehr: Leute mit Niveau wünschen sich einen niveauvollen Baum. Verwegene wollen ihn verwegen. Extravagante lieben ihn extravagant. Topmodische möchten einen topmodischen Baum. Den können sie, wenn sie wollen, jedes Jahr wieder neu haben. Sie brauchen sich nur an den jährlichen Wannerschen Trendletters zu orientieren.

Fast verhält es sich im Fall der Wanner-Bäume wie in früheren Feudalzeiten. Prominente, einst fast ausschließlich Blaublütige, heute auch Medienberühmtheiten, greifen als erste seine Baummoden auf. Die Bürger tun's ihnen nach. Oft liegen die Zeitbezüge auf der Hand. Als der Teddy seinen hundertsten Geburtstag feierte, baumelten überall an den Bäumen die kleinen Bärchen. Während die Esoterik die Engel wieder vom Himmel holte, flatterten auch am Baum Heerscharen der schönsten Flügelwesen. Eine Faustregel gilt wohl immer: Unbelastete Zeiten, unbelasteter, optimistischer Baum, alles eher fröhlich kunterbunt. Ernstere Zeiten, ernstere Farben.

Liebesbaum mit flammend roten Herzen, Rosenblüten und dazu geheimnisvoll kontrastierenden schwarzen Kugeln.

In den Wanner-Ateliers gelten folgende Dekorationskriterien: Geschmückt wird nach Themen. Nach Farben. Nach Wohnung und Einrichtung. Nach Symbolik und Philsophie. Wenn Kunden manchmal etwas unsicher sind, ob sie die eine oder andere wagemutige Idee aufgreifen sollen, rät Wanner vor allem eines: Trau deinen Gefühlen. Was dir gefällt, ist in Ordnung. Hindernisse gibt es nicht. Jeder hat das Recht auf sein eigenes Christbaumwunder. Weihnachten kann man nicht mit Modernität kaputtmachen, höchstens mit Ignoranz. Der Mensch muß sich in der Gestaltung wiederfinden, will er sich nicht im Blinden verlaufen. Das gilt auch für den Weihnachtsbaum.

Sogenannte Themenbäume sind nichts anderes als reizende Möglichkeiten und Offerten. Herrliche Vorschläge für ein herrliches Fest. Nachfolgend vorgestellte Baumtypen sind Ergebnis der Wannerschen Dekorationsphantasien und Stars unter den besonders erfolgreichen Bäumen. Der Deko-Meister kann sie alle nur wärmstens zur Nachahmung empfehlen.

Nur Mut! Sie wissen ja: Neuer Baum, neuer Mensch oder – weniger dramatisch: Neue Bäume, neue Erfahrungen.

BAUMBOTSCHAFTEN

Liebesbaum

Sie schmückt die Tanne für ihn. Oder er tut's für sie. Heimlich, damit der andere ja nichts davon merkt. Zur Bescherung erscheint dann der Baum als rotglühender Liebesbote. Herzförmiger Glasschmuck und duftige Seidenrosen sagen dem Betrachter: Ich liebe dich. Schwarze Kugeln beschwören das dunkle Geheimnis der Leidenschaft. Wenn es mehr zu sagen gibt (Heiratsantrag? Treueschwur?), steckt noch ein zärtliches Briefchen zwischen den Zweigen. Der Baum, von mir zu dir ein postillon d'amour. Händchenhaltend die rosenrote Pracht bewundern, sich im Kerzenschein auf ewig füreinander entflammen – der Traumbaum für zwei romantische Herzen und einen gefühlvollen Weihnachtsabend.

Glücksbaum

Heiligabend steht er da wie das baumgeworde-ne Lächeln der Fortuna – über und über mit Glückssymbolen behängt: Fliegenpilze, Glücks-klee, Lorbeer, kleine Hufeisen, rosa Ferkel, Rauchfangkehrer, vielleicht auch ein paar Mün-zen. Dazu viele rotwangige Äpfelchen. Alles schön klein und fein und üppig. Kaum anzuneh-men, daß jene, die in seiner Nähe Weihnachten verbringen, noch einmal je ein Pech heimsucht. Ein hübsches Geschenk – insbesondere wenn's nur ein kleines Bäumchen ist.

Wunschbaum

Wunschdenken und Aberglaube – das paßt zur Weihnachtsbaummagie wie all die kleinen Dinge, die man an den Baum hängt, weil man sie gern in

groß hätte, irgendwann vielleicht. Ein schönes Haus, ein Baby. Apropos: Den Storch, den die Elsäßer ganz besonders verehren, findet man dort schon seit Jahrhunderten auf dem Weihnachts-baum – vor allem da, wo man sich Kindersegen wünscht: auf der Christbaumspitze.

BÄUME GANZ PERSÖNLICH

Kinderbaum

Der älteste Typ aller Weihnachtsbäume strahlt eigens für die Jüngsten. Aber er ist auch die reine Freude der Erwachsenen, die sich angesichts sei-ner entzückenden Naivität gern ihrer Kindheit erinnern. An diesen Baum kommt nur Kleines, Putziges, alles, was in die Kinderwelt paßt. Püpp-chen, Teddys, Schneemänner, Spielsachen; sehr hübsch für kleine ABC-Schützen: kunterbunte Schultüten. Dazwischen kleine Leckereien für Schleckermäuler. Wichtig bei jedem Stück ist die Liebe zum Detail. Nichts daran darf schwer sein,

Taschenuhr in einem »Uhrenbaum«.

Der »Musikerbaum« mit Instrumenten.

denn der Kinderbaum will seine Zweige noch optimistisch nach oben recken. Die Kerzen: rot oder vielfarbig. Düstere Farben und modische Akzente stehen dem Baum grundsätzlich nicht.

Bäume mit guten Beziehungen

Eine originelle Idee: Der Baumschmuck steht in Beziehung zum Hobby oder zum Beruf des Besitzers.

Denkbar beispielsweise: der Baum für den Uhrmacher mit vielen kleinen goldenen Schmuckstücken, dazwischen alle möglichen Zeitrichter, wie etwa kleine Taschenuhren.

Der Baum für den Musiker oder den Musikfreund hängt voller Geigen und Harfen, Trommeln, Posaunen und Trompeten. Am attraktivsten dazu wirken Farbkombinationen, die an die Tonart Dur erinnern, etwa ein sanftes, warmes Rot, das dem Holzton der Instrumente schmeichelt.

Der Metzger freut sich über »seinen« Baum, wenn da neben kleinen Würstchen witzige Maché-Schweinchen hängen und alle übrigen Deko-Farben zu einem hübschen Ferkelrosa passen. Eine befremdliche Idee? Keine Bange, sie orientiert sich direkt an der Christbaumtradition, an deren Beginn die Bäume für die Handwerkszünfte standen. Eßbarer Behang, wie Obst, Süßigkeiten und Wurstwaren, gehören durchaus zur Schmücktradition.

Sprechen wir auch gleich über den Spaghettibaum. Er ist der passende Typ für den begeisterten Italienfan, der auch die kulinarischen Landesspezialitäten nicht verachtet. Am besten zu Spaghettigirlanden Glaskugeln in den italienischen Nationalfarben nehmen: Grün, Weiß, Rot.

Man kann da auf die nettesten Ideen kommen. Jeder hat schließlich ein Hobby, einen Beruf, eine Leidenschaft, und die Schmuckindustrie produziert eine Fülle kleiner Objekte, die individuelle Bezüge der geschilderten Art erlauben.

Ein reizender Spaß, vielleicht ein weihnachtliches Geschenk für ein Jubiläum, etwa einen Geburtstag.

»Spaghettibaum« für den Italienfan.

»Metzgerbaum« mit Würstchen.

BAUMKLASSIKER

Märchenbaum

Wer die Märchenwelt der Grimms liebt, findet sie im Märchenbaum wieder, auf dem sich Märchenfiguren, Waldwesen und Fabeltiere tummeln. Rotkäppchen und der Wolf, die sieben Zwerge, Schneewittchen, Schneeweißchen und Rosenrot, kleine Geißlein, Hexen ...Vor etwa fünf Jahrzehnten waren solche Märchenbäume schon einmal sehr beliebt. Damals wurden die Figuren selbst gefertigt. Der Baumschmuck bestand hauptsächlich aus bemalten Laubsägearbeiten (s. Bild S. 84). Indem der Märchenbaum die Idee der Silhouettenfiguren aufnimmt, erinnert er an seinen historischen Vorgänger. Bitte das Prachtstück in eine dunkle Ecke stellen. Der Baum braucht Ruhe und Muße.

Baum und Natur pur

Alles, was hübsch aussieht, ganz ursprünglich-natürlich ist und durch nichts verfremdet, wirkt ungemein reizvoll. Man darf diesen Behang nicht mit artifiziellen Deko-Stücken mischen. Das heißt, auf diesen Baum gehören auf keinen Fall Glaskugeln, sondern etwa Nüsse und Holzketten, Äpfel, Trockenblumen und Zweige. Selbst bemalte Naturobjekte würden den puren natürlichen Eindruck stören. An diesen Baum passen nur Bienenkerzen in Naturfarben.

Country-Baum

Weihnachten auf dem Land, Familienmitglieder und Freunde kommen von weither und freuen sich über die friedliche Ruhe und den gemütlichen Charme der Umge-

Ein Baum im Jugendstil mit Lyren, Sternen, Glocken und echt versilberten Schwänen.

bung. Am schönen großen Country-Baum hängen Wachsmodel und Äpfel, Nüsse und Plätzchen. Eine hübsche Idee: Schon vor Weihnachten Apfelzweige zum Blühen bringen und Heiligabend zwischen die Zweige des Tannenbaums stecken. Die duftige Pracht zieht gerade aus der Kurzlebigkeit ihren Reiz. Generell passen vor allem Farben auf den Baum, die mit Terracotta-Tönen gut kombiniert werden können, wie etwa ein sattes Rot. Sehr schön dazu: weiße Kerzen.

Silberbaum

Der ewige Klassiker wurde in der Zeit des Jugendstils geboren (s. Bild S. 116). Wohl jeder hat in seiner Weihnachtskiste schönen Silberschmuck, vielleicht sogar echte Glaskugeln und Zapfen. Herrlich wirkt so ein Baum auch ohne (das übliche) Lametta. Wunderbar dazu: silberne, seidene Plisseebänder. Ein anderer Tip: ein paar graue Kugeln zwischen den alten Schmuck hängen, das läßt das Silber herrlich strahlen. Relativ neu am Markt sind moderne Schmuckobjekte mit Silberflimmer und Pailletten. Damit kann der alte Silberschmuck wunderbar ergänzt werden. Wer seinen Silberbaum möglichst original jugendstilzeitlich wünscht, sollte silberne Perlenschnüre als Girlanden verwenden. Relativ neu am Markt: Schnüre mit eigenwilligen Spiralformen, die es im Jugendstil auch schon gab. Ein Muß für den Silberbaum: weiße Kerzen (bitte keine silbernen, das wäre zuviel des Guten.)

STILBÄUME

Wer ein Faible besitzt für eine bestimmte historische Epoche oder gar das Glück hat, seinen Baum in einer historischen Umgebung aufstellen zu können, die eine bestimmte Epoche widerspiegelt, sollte einmal

Typisch Empire: Festlicher, schwerer Baumbehang mit klassischen Skulpturen.

überlegen, ob er den Baum nicht dem räumlichen Ambiente anpassen will. Natürlich gibt es den geschmückten Weihnachtsbaum noch nicht lange genug, um ihn für jede historische Epoche originalgetreu wie anno dazumal aufzuputzen; historische Anleihen sind freilich immer möglich. Die Ergebnisse sind wirklich reizvoll. Praktiziert wird diese Spielart der dekorativen Geschichtsanlehnung häufig in Museen oder historischen Sälen. Nachfolgend ein paar besonders schöne und leicht umzusetzende Beispiele für den historischen Schmückspaß.

Antike

In der griechischen und römischen Antike liebte man die schönen, klassischen Formen, die figurativen Plastiken. Erwünscht war eine hoheitsvolle, sakrale Wirkung. Die Kleidung war vor allem naturfarben oder – die Spitze des Luxus – purpur. Aus dick mit Gold bestickten Stoffen bestanden die römischen Prunkgewänder. Zu den typischen

antiken Ornamenten gehören Mäandermuster. An einen »antiken« Baum passen also kleine goldene Statuen, Purpurkugeln und Kugeln mit Mäandermuster. Der Baum sollte etwas distanziert und sehr edel wirken. Ein erhöhter Standpunkt wäre nicht schlecht.

Renaissance

Der geschmückte Weihnachtsbaum ist ein Kind der Renaissance. Warum also nicht einmal einen Baum zieren als Hommage an diese ungemein interessante, lebendige Reformepoche? Damals hingen ja nur Backwaren am Baum, was natürlich jederzeit nachgeahmt werden kann. Nehmen wir lieber, weil es nun mal viel attraktiver ist, Anleihen an den sichtbaren Erscheinungen dieser Zeit. Der kulturelle Zeitzustand: Übergang vom Mittelalter zur Neuzeit, Wiedergeburt antiker Formen. Michelangelo, Tizian, Dürer, Cranach. Die Mode kombinierte die Farben Schwarz und Gold mit Bunt. Brokate, Gold- und Silberstoffe. Silberstoff, Goldgespinste. In der Renaissance legte man auf die symbolische Bedeutung der Farben großen Wert. Wer seinen Mitmenschen viel mitteilen wollte, der trug mehrere Farben am Körper. Typischer Stoff für die Kleidung gehobener Stände: feinster Samt. Rot war die absolute Lieblingsfarbe des Adels. Fürstinnen und Fürsten trugen mit Vorliebe rotgoldene Gewänder. Cosimo de Medici pflegte zu sagen: »Zwei Ellen rotes Tuch machen einen Menschen schön.« Ein Weihnachtsbaum in einem Renaissancesaal sieht wunderschön aus mit Samtkugeln in Rot und Schwarz und mit goldenen Applikationen. Natürlich sind auch bunte Kugeln denkbar. Samt oder ein ähnlich wirkendes Material als Überzug ist grundsätzlich ideal. Sehr vornehm auch: den Baum nur in Schwarz und Gold zu schmücken.

Der Empire-Baum, integriert in einen historischen Raum im Basler Hotel Drei Könige, in dem einst Napoleon residierte.

Es versteht sich, daß auf so einen Baum nur Wachskerzen passen; die Farben des Schmucks aufgreifen, vielleicht Gold.

Barock

Namengebend für die Epoche war das portugiesische »barocco«, was soviel bedeutet wie: unregelmäßige Perle. Erst nachkommende Generationen benannten die Zeit so und meinten es etwas abfällig. Verpönt: gerade Linien, rechte Winkel. Die Ära im 17. und 18. Jahrhundert war die hohe Zeit der Dekoration: Rein äußerlich ging es nicht um die Wahrheit, sondern um den Schein, die üppige Täuschung.

In den Farben dominierte Schwarz, dazu verwendete man – erstmals in der Stilgeschichte der Mode – gebrochene Farben, wie Blaßblau, Lindgrün, Rosa. Man kombinierte immer weniger Farben, auch in den feinen Prunksälen dominierte oft nur ein einziger sanfter Ton. Dabei waren Extravaganzen absolut en vogue. Allongeperücken, extrem hoch, dazu Wolken aus Tüll, Spitzen, Schleifen und Bänder waren die wichtigsten modischen Zutaten.

Der erste Eindruck sollte immer überwältigend sein – auch beim Weihnachtsbaum, der ja damals in den Schlössern so ungemein in Mode kam; in manchen Prunksälen standen gut und gern 15 Bäume. Wer den Baum ganz so herrichten will wie damals der Adel, kann zu Zuckergebäck und weißen Kerzen greifen und erreicht so am nächsten ein authentisches Bild. Herrlich sehen aber gerade jene »barocken« Weihnachtsbäume aus, an deren Glaskugeln sich die Pastelltöne der damaligen Zeit wiederfinden. Dazu passen all die goldigen Engelchen, etwa musizierende Cherubime, die das Dekor der Prunksäle zierten. Auf so einen Baum paßt natürlich generell alles, was klunkert und funkelt. Sehr edel wirken auch die barocken Glasanhänger, die gewöhnlich von den barocken Kristallüstern baumeln. Hübsch auch: kleine goldene Glasmuscheln. Die Wachskerzen müssen unbedingt weiß sein. Vor allem aber gilt eine Regel: Der Baum muß sehr üppig behängt werden.

Klassizismus

Der typische Gesamteindruck der napoleonischen, auch Empire genannten Epoche: feierlich. Die Themen der Zeit: Würde und Reichtum. Auf den Baum passen sehr gut schwere, teure Stoffe, zu Schleifen gebunden. Nichts darf verspielt wirken, ideal sind Objekte, die der Zeit gemäß Anklänge nehmen an antike und speziell ägyptische Gefäßformen. Durchaus denkbar, daß der eine oder andere Baum auch damals schon mit textilen Schleifen geschmückt wurde. Daß man zumindest Papierschleifchen verwendete, ist jedenfalls sicher. Der Schmuck am Baum sollte klar gegliedert werden, nicht allzu üppig. Sehr passend für den Baum wäre ein theatralischer Aufbau. Bitte keine Putten dranhängen, sondern klassische, antike Skulpturen. Farben am besten: Gold, Schwarz und das damals beliebte Lindgrün.

Biedermeier

Der Biedermeierbaum kann nur authentisch geschmückt werden. Schließlich markiert er den Beginn der bürgerlichen Zeit, in der sich der Weihnachtsbaum allmählich in Deutschland durchsetzte. Wer einen Baum wie damals haben will, kauft eine halbhohe Tanne, die er auf einen Tisch stellt. An den Baum passen Papierrosen, glitzernde Metallfäden, Goldspiralen, gehäkelte Körbchen, selbstgebastelte Schächtelchen mit darin versteckten Süßigkeiten. Sehr edel dazu die schweren gläsernen, mit Messingaufhängern versehenen Biedermeierkugeln, deren originalgetreue Nachbildungen es längst wieder zu kaufen gibt. Zusätzlich als Behang: Teigfiguren und Springerle mit Rokokofiguren, Wachsengel, Holzpferdchen – der Baum ist perfekt. Darunter gehört, in einer Art Minigarten, die Krippe.

PRÄCHTIGE IDEEN

Ein Feentraum

Aus dem Silberwald der Feenträume stammt dieses verwunschene, kostbare Wesen. Ein herrlicher, rein silberner Baum für alle, die den Wald lieben und verehren. Silberne Hirsche und Rehe, Silbervögel und Gespinste wie gesponnener Tau überziehen die Zweige (s. Bild S. 61). Dazu silberne Sterne, Silberblüten, silberne Paillettenkugeln – und dabei eine Ahnung von Schneegestöber: Hier und da ein kleines bißchen weißes Schneespray auf die Zweige sprühen.

Dieser edel geschmückte Solitär sollte frei und vornehm stehen. Er verträgt keine ablenkenden Utensilien in seiner Nähe. Sehr hübsch: das Gefunkel kleiner zwischen die Zweige gesteckter Kerzenlämpchen.

Revue und Theater

Der Baum der Illusionen, die Welt der Gaukler und Komödianten, des Kabaretts und der Revue sieht in reizenden Miniaturen wunderhübsch als Baumzier aus. Mutige sprühen ihren Revuebaum ganz weiß oder nehmen gleich einen weißen Kunstbaum. Daran Kugeln mit Harlekinakaros, Püppchen, goldene Palmwedel wie aus dem Requisitenfundus. Hübsch dazu: blaue Kerzen und Kerzengirlanden.

Zirkuszauber

Unter der Zirkuskuppel tummeln sich die Akteure für ein kunterbuntes, fröhliches Baumthema: Artisten und Attraktionen. Am Baum kleine Elefanten und Clowns, hübsche Seiltänzerinnen, ja, es gibt sogar eine ganze Zirkuskapelle und Wagen wie aus einem Wanderzirkus. Ein bunter Traumbaum aus der Welt der zirzensischen Illusionen.

Himmlisches Gefunkel

Der Sternenbaum funkelt mit der Pracht des Nachthimmels um die Wette. Dieser Weihnachtsbaum hängt ausschließlich voller Paillettensterne, je nach Geschmack nur in Silber oder auch – was sehr hübsch wirkt – kunterbunt. Ganz besonders prächtig sieht es aus, wenn alle Sterne gleich groß sind.

Engelsheerscharen

Schwärme geflügelter Wesen sind vom Himmel herabgeflogen und haben sich auf den Engelsbaum gesetzt. Zwischen die goldenen Putten passen auch ihre Instrumente wie Harfen und Posaunen.

Niedlich dazu alles, was am Himmel ist: Sterne und Vögelchen. Wundervoll für diesen Baum: Engelshaar.

Paradiesvögel

Eine paradiesische Pracht nistet im Vogelbäumchen: Es sind die kleinen, zauberhaften Glasvögelchen mit seidigen Schwänzchen. Manche Tierchen sind nur silbern, andere haben einen Hauch von Rosa und Türkis am Gefieder (s. Bild S. 33).

Zauberhaft sieht es aus, wenn man dazu pinkfarbene Seidenschleifchen und rosa Blüten dekoriert. Wichtig: Alle Materialien müssen sehr edel sein.

Neptuns Reich

In geheimnisvolle Tiefen tauchen und entdecken, wie wundervoll ein Baum wirkt, dessen Glaskugeln die schillernden Farben des Meeres haben. Mit auf den Baum: Muscheln, kleine Fischchen, Seepferdchen und Seejungfrauen.

Wer mag, kann die Welt auf dem Wasser einbeziehen und an die Zweige gläserne kleine Boote und Mini-Matrosen hängen.

DAMIT'S EIN PRACHTWERK WIRD

WANNER-TRICKS FÜR EINEN HERRLICHEN CHRISTBAUM

Am Weihnachtsbaum kann man lernen,
Diktate nicht zu akzeptieren.
Johann Wanner

atürlich können Sie Ihren Baum nach alter Gewohnheit schmücken. Freilich ist's beim Weihnachtsbaum wie mit aller Dekorationskunst: Wenn man ein paar Tricks und Kniffe beherrscht, die Profis anwenden, kann das dem Werk nur guttun. Man sieht's dem Ergebnis einfach an, ob Könnerschaft und Überlegung dahintersteckt oder eher der Zufall. Wie auch immer. Wenn Sie folgende Wanner-Regeln beherzigen, kann nichts schiefgehen und Ihr Baum wird garantiert so schön wie kein anderer.

WENN KINDER HELFEN

Es ist immer eine Frage der Familientradition und der persönlichen Einstellung. Soll man die Kinder am Baumkauf und am Schmücken beteiligen oder soll man der Überraschung am Heiligabend wegen alles in geheimen Aktionen erledigen? Natürlich ist das Geheime schöner für die Kinder. Manchmal ist's aber schon aus räumlichen Gründen gar nicht möglich, den Nachwuchs außen vor zu lassen.

Um den Kleinen trotzdem ein erinnerungswertes Erlebnis zu gönnen, sollte man sie am Schmücken beteiligen. Wie wäre es beispielsweise, sie Baumschmuck basteln zu lassen? Damit die Ungeduld vor der Bescherung nicht gar so schlimm wird, kann man sie schon Tage zuvor kleine Zweige und Tannenzapfen sammeln lassen, die die Kinder, während Sie schmücken, mit Goldfarbe bestreichen. Eine andere Möglichkeit: die Fundstücke mit Klebstoff bemalen und mit Glimmer bestreuen. Das können Sie auch mit Trockenblumen versuchen. Es sieht reizend aus.

DEN BAUM AUFSTELLEN UND IN FORM BRINGEN

Bevor Sie den Baum aufstellen, müssen Sie vermutlich den Stamm unten begradigen. Falls Sie ihn gleich beim Kauf absägen lassen, bitten Sie den Verkäufer, darauf zu achten. Nie spitz zuschneiden. Die gerade Fläche sorgt für einen festen, geraden Stand, und der Baum kann gut Wasser aufsaugen. Nehmen Sie gleich beim Kauf einige Reiser mit, auf jeden Fall das, was beim Abschneiden Ihres Baums anfällt.

Im Handel sind eine Menge sehr unterschiedliche Christbaumständer, einige (teure) bessere und sehr viel schlechte. Am sichersten, attraktivsten und billigsten ist immer noch das altbewährte Verfahren: Stellen sie den Baum in einen Eimer, den Sie mit Steinen füllen. Das fixiert ihn zuverlässig. Wichtig: Schneiden Sie kurz vor dem Aufstellen noch einmal ein Scheibchen unten vom Stamm, denn offenporiges Holz wirkt wie ein Schwamm.

Gießen Sie nun Wasser in den Behälter. Eine andere Möglichkeit: Fügen Sie feuchte Spezialerde – Sie können sie in guten Gärtnereien besorgen – hinzu. Beides hält den Baum länger frisch. Er nadelt nicht so schnell und wird nie so dürr, daß schon ein Kerzenfunke ihn lichterloh brennen läßt. Hübsch sieht's aus, wenn Sie den Eimer mit Stoff, Folie oder Geschenkpapier umwickeln. Falls Sie Wachskerzen verwenden, sollten Sie zur Sicherheit den Boden schützen. Schön und praktisch ist eine Baummanschette. Dafür schneiden Sie ein Tuch kreisrund, in die Mitte ein Loch von der Größe des Eimers, davon ausgehend einen Schlitz, so daß sie nun die Manschette über den Baum stülpen können. Achten Sie darauf, daß die Unterlage dezent ist und nicht mit den Farben am Baum konkurriert. Wenn er leicht zu transportieren ist, stellen Sie ihn zum Schmücken mitten in einen Raum, wo Sie von allen Seiten bequem rankommen. Wenn Sie ihn jetzt schon an seinem Standort fixieren wollen, befestigen sie ihn noch mit einem Blumendraht an der Wand, so daß er garantiert nicht kippen kann.

Betrachten Sie das gute Stück. Ist es gut und dicht bewachsen, oder läßt das Grün zu wünschen übrig? Nun müssen Sie sich entscheiden, ob Sie das Gewächs akzeptieren, wie es ist, oder der Schönheit etwas nachhelfen wollen. Bedenken Sie bitte, daß die Natur die Bäume immer so wachsen läßt, daß sie in ihrer Umgebung überleben können. Sie müssen sich mit dem Wind biegen, in Richtung des Lichts strecken und sich gegen Platzkonkurrenten behaupten. An einem ordentlichen Bild ist der Natur wenig gelegen. Ihr natürlicher Baum ist ein Individuum, dessen optische Unregelmäßigkeiten sogar reizend wirken können. Natürlich nur bis zu einem gewissen Maß. Zu starke Unregelmäßigkeiten sollten Sie zu beseitigen versuchen.

Lichte Stellen können Sie füllen, wenn Sie die Zweige – Sie haben ja welche mitgebracht – mit Draht am Stamm fixieren. Für größere Äste bohren Sie Löcher in den Stamm. Ein bißchen Holzleim hinein und dann das Astende – fertig. Fast noch wichtiger: Die Zweige sollten leicht nach oben ragen. Recken sie sich zu steil nach oben, bringt man sie mit Draht in Form oder hängt einen stoffumwickelten Stein daran. Traurig nach unten hängende Äste mit Draht nach oben binden.

TRICKS FÜR MEHR VOLUMEN

Wenn das Bäumchen immer noch etwas durchsichtig wirkt, muß der Behang ausgleichen. Es gilt eine Regel für jeden Weihnachtsbaum: Er mag es gar nicht, wenn man ihn durchschaut.

Folgende Tricks geben Fülle:
◆ Verwenden Sie üppige Schleifen. Besonders schön sehen drahtverstärkte Bänder aus.
◆ Stecken Sie Trockenblumen zwischen die Zweige. Rosen oder Hortensien wirken sehr attraktiv. Hübsch sind auch edle Papier- oder Seidenblumen.
◆ Wickeln Sie etwas Efeu um Stamm und Zweige. Das gibt dem Baum einen wilden, magischen Touch. Toll sieht es aus, wenn Sie den Efeu besprühen. Silber wirkt am besten.
◆ Stecken Sie dürre Obstbaumzweige dazwischen, die Sie je nach erwünschter Wirkung weiß oder golden besprühen.
◆ Nehmen Sie etwas Schnee- oder Gold-/Silberspray. Nur leicht und an einigen Stellen auf die Nadeln einen Hauch draufsprühen. Die Zweige sollen nur hier und da zart schillern.
◆ Verwenden Sie große Kugeln, und hängen Sie die möglichst nahe an den Stamm.
◆ Lametta, Girlanden, Spiraldrähte und Engelshaar geben Fülle.
◆ Wenn Sie ohnehin elektrische Beleuchtung verwenden, greifen Sie doch mal zu raffinierterer, üppigerer Illumination.

Nächste Doppelseite:
Stilleben im Wanner-
Musterzimmer mit
allerlei Objekten in der
Manier der
Jahrhundert-
wende.

INS RECHTE LICHT SETZEN

Bevor Sie auch nur eine Kugel an den Baum hängen, müssen Sie die elektrische Beleuchtung installieren. Anders bei natürlichen Kerzen. Die kommen immer zum Schluß dran, nach dem Baumschmuck. Auch wenn echte Kerzen schöner sind, so hat die Technik doch auch ihre Vorteile: Es besteht keine Brandgefahr, man hat keine Probleme mit Wachstropfen und kann die selben Kerzen immer leuchten lassen. Wichtig: Probieren Sie schon Tage vorher, ob die Lichtgirlande funktioniert, damit Sie eventuell fehlende Lämpchen noch nachkaufen können. Bei älteren Girlanden ist das Licht schon ein bißchen trüb; man sollte überlegen, ob man eine neue kauft.

Bei eher sparsamen, klassisch-strengen Bäumen sehen richtige Kerzenformen am besten aus. Bitte lieber ein paar Kerzen mehr an den Baum als zuwenig. Bei sehr üppig und mit viel Geflitter geschmückten Bäumen wirken viele winzige Lichtchen am besten, die wie tausend Sternchen am Baum funkeln. Bunte Lämpchen schauen meistens deshalb kitschig aus, weil sie gegen den bunten Behang konkurrieren. Reizvoll können dagegen die neuen roten Sternen-Lämpchen-Girlanden wirken – aber nur zu den Behangfarben Weiß, Silber, Rot oder Grün.

Natürliche Kerzen sorgen für einen schöneren, stimmungsvollen Duft. Wenn Sie nur elektrische Lichter am Baum haben, sollten Sie am Tisch oder am Kaminsims auf ein paar Tannenzweigen echte Kerzen entzünden, damit Ihnen von dort der Duft von Wachs und Tannennadeln in die Nase steigt.

Diese fein herausgeputzten Zierpüppchen machen sich überall hübsch, auch an einem Weihnachtsbaum.

SCHMÜCKEN VON INNEN HERAUS

Johann Wanner unterscheidet zwischen zwei zu dekorierenden Baumtypen: Puppenbaum und Kugelbaum. Der Puppenbaum ist fast so dicht gewachsen wie ein Buchsbaum, so daß man den Schmuck einfach nur außen befestigt und manchmal auch nur an den Baum legt. Der weit häufigere Kugelbaum ist so durchsichtig, daß er von innen nach außen geschmückt werden muß.

Setzen Sie dem Baum die Spitze auf. Sortieren Sie dann den Baumbehang nach Größe der Objekte. Fangen Sie bei den großen Bäumen von oben, bei den kleinen von unten mit dem Schmücken an. Die größten Kugeln gehören näher zum Stamm, das gibt dem Baum Tiefe und läßt ihn von innen heraus geheimnisvoll strahlen. Schmücken Sie also von innen nach außen. Für die Vertikale gilt die Regel: Die größeren Objekte sollten weiter unten hängen, die kleineren eher oben, das betont die reizvolle Kegelform der Konifere. Die Zweige nie so vollhängen, daß sie das Gewicht des Behangs nach unten drückt. Erst wenn Sie alle größeren Kugeln befestigt haben, sortieren Sie die kleineren Stücke nach Gewicht. Die leichteren kommen weiter außen auf die Zweige, die schwereren weiter innen. Nun Schleifchen und alles andere gleichmäßig verteilen.

Schmücken Sie immer rundherum. Denken Sie bitte nie: Die Rückseite sieht man ja eh nicht, die kann ich mir sparen. Selten ist ein Baum so dicht gewachsen, daß man solche Mogeleien nicht bemerkt. Es geht beim Christbaum auch immer um die magische Ausstrahlung; gerade Kugeln, die von der Rückseite durchschimmern, wirken sehr geheimnisvoll.

Probieren Sie jetzt doch mal, wie es aussieht, wenn Sie den Baum an einigen Stellen sacht besprühen. Immer nur punktuelle Tupfer, nie größer als ein kleiner Schneeball. Weißes Schneespray paßt zu allen Bäumen, Gold- und Silberspray nur zu Gold- und Silberbäumen oder sehr modern gestylten Typen. Auch umweltfreundliche Sprays sind im Handel erhältlich.

Achten Sie beim Schmuck vor allem auf Farben und Stil. Kombinieren Sie nie eine Modefarbe, etwa Hellblau, mit traditionellen Schmuckstücken oder klassischen, klaren Farben. Zu älteren Objekten paßt nur eine modische Kugelfarbe: Schwarz. Nicht schlecht wär's auch, auf stilistische Klarheit zu achten, sonst wirkt das Ergebnis leicht etwas daneben. Hängen Sie also, wenn möglich, nie kleine Holzfigürchen aus dem Erzgebirge neben modernen Paillettenschmuck oder etwa neben lila Kugeln. Es gibt allerdings eine Ausnahme: den ganz und gar kunterbunten Baum. Freilich wirkt der leicht etwas »unmagisch« und beliebig. Im Unterbewußtsein notiert der Betrachter immer: Das ist ein ziemliches Durcheinander.

Haben Sie Mut zu großen Kugeln! Im Handel ist bekannt, daß die meisten Kunden selten zu Kugeln greifen, deren Durchmesser 8 Zentimeter übertrifft. Leisten Sie sich doch einige 12 oder 14 Zentimeter große Exemplare. Sie wirken prächtig und großzügig – auch an kleineren Bäumchen.

Verwenden Sie für größere Kugeln nicht den normalen, ziemlich schwachen Kugeldraht, sondern stabilere Haken, wie sie im Handel erhältlich sind. Oder Sie besorgen sich Blumendraht.

MIT KERZEN NICHT GEIZEN

Keine Frage: Natürliche Kerzen sorgen für den stimmungsvollsten Lichterzauber. Nehmen Sie bei kleinen Bäumen auch kleine Kerzen: je kleiner desto entzückender. Sie müssen nicht unbedingt

Sondergrößen kaufen; Sie können auch größere Kerzen abschneiden. Die Reste kann man schmelzen und mit einem gekauften Docht zu größeren Kerzen verarbeiten.

Bitte sparen Sie nicht ausgerechnet an den Kerzen, sondern greifen Sie zu Qualitätslichtern, um Ärger mit Wachsflecken zu vermeiden. Besonders toll: Stearinkerzen. Hände weg von den schnell abbrennenden, schwarz kokelnden Paraffinkerzen. Entscheidend ist die Hitzeverträglichkeit. Da Stearin einen hohen Schmelzpunkt besitzt, tropft diese lang brennende Kerze kaum. Auch Wachskerzen, vor allem aus echtem Bienenwachs, sind akzeptabel. Kerzenkenner kaufen Wachskerzen auf Vorrat und verwenden jeweils ein Jahr alte Christbaumkerzen. Der Grund: Länger gelagerte

Kerzen sind härter und tropfen nicht so stark. Ausnahme: Stearinkerzen. Bei längerer Lagerung werden sie trocken und beschlagen. Man sollte sie also besser frisch verwenden, da sind sie fast so hart wie Porzellan.

Besonders edel, wunderschön und obendrein umweltfreundlich sind Stearinkerzen, die mit Lebensmittelfarben gefärbt sind.

Wenn Sie sichergehen wollen, daß kein Malheur passiert, dann umwickeln Sie die Kerzenenden mit etwas Alufolie, bevor Sie sie in den Kerzenhalter stecken. Sie stehen dann fest und

Für kleine Wohnungen ideal: Hängebäumchen, entweder an Decke, Wand oder Möbeln befestigt.

gerade. Außerdem werden die Kerzenhalter nicht verkleckert. Hängekerzenhalter sind zwar hübsch, aber unpraktisch, weil die Kerzendicke immer stimmen muß. Besser sind Halter, die man zusammendrücken kann, um die Kerzen einzuklemmen.

Machen Sie es sich zur Regel, die Kerzen am Baum immer von oben nach unten anzuzünden und sie grundsätzlich nur auf ein Viertel herunterbrennen zu lassen. Auch wenn's aussieht wie pure Verschwendung: So vermeiden Sie Wachsflecken und – Brände. Tropft trotz all der Mühe etwas Wachs auf den guten Teppich: mit einem Fön erhitzen und mit einem saugfähigen Tuch oder mit Löschpapier abtupfen. Das funktioniert auch bei wachsvertropften Kugeln. Manchmal bleiben leider Flecken zurück.

EIN DUNKLER STANDPUNKT IST DER BESTE

Am besten steht der Baum in einer etwas dunkleren, geheimnisvollen Ecke, die ein bißchen an den in Bayern üblichen Andachtswinkel erinnert. Die Kerzen dürfen nicht gegen ein anderes Licht anleuchten. Der Baum ist ausgesprochen lichtscheu. Auf keinen Fall unter ein Spotlight oder einen Leuchter plazieren. Das entzaubert ihn mächtig. Nicht in die Nähe eines Fensters oder an die Balkontür stellen – es sei denn, Sie wollen ihn hauptsächlich den Passanten präsentieren. Auch tagsüber und ohne Kerzenbeleuchtung wirkt der Baum an einem etwas heimeligen Plätzchen viel schöner. Ideal steht er leicht erhöht; er sollte Erhabenheit ausstrahlen; er möchte, daß man wie in früheren Zeiten etwas zu ihm aufschaut. Freistehend mitten im Zimmer wirken nur sehr große Bäume gut und auch nur dann, wenn der Platz nicht sehr hell ist. Diese Bäume müssen sehr gut und regelmäßig gewachsen und rundum perfekt geschmückt sein. Aus Sicherheitsgründen sollten Sie Ihren Weihnachtsbaum nie nah an Vorhänge oder andere brennbare Gegenstände rücken und auch nie dort aufstellen, wo Luftzug entstehen kann.

ÖFTER MAL WAS NEUES ALTES

Vor allem, wenn Ihre Wohnung klein ist, sollten Sie erwägen, ein kleineres Bäumchen an die Decke zu hängen, wie Sie es bisher vielleicht nur mit Mistelzweigen getan haben. Es handelt sich dabei um eine alte und platzsparende Tradition. Vielleicht gibt's ja ohnehin dort einen Haken, wo normalerweise eine Blumenampel hängt.

Die sogenannten Hängebäumchen müssen natürlich im unteren Teil sehr üppig verziert werden. Sie wirken immer ein bißchen wie herrliche natürliche Lüster. Geschmückt werden die Mini-Deckenbäume ähnlich wie alle anderen. Girlanden und langgezogene Schmuckformen, etwa Zapfen, wirken daran besonders hübsch. Sie müssen dazu nicht unbedingt eine Konifere nehmen. Sehr attraktiv und ungewöhnlich: ein dicker Büschel Buchsbaum.

Wer Mut zu modernen Extravaganzen hat, kann ein sogenanntes künstliches »Schneebäumchen« erstehen, aus dessen Spitze über die Zweige Kunstschnee herabrieselt (s. Bild S. 106). Unter dem Bäumchen wird das weiße Pulver in einer Art Wanne aufgefangen und wieder nach oben befördert.

Verwandeln Sie Ihren Baum doch einmal in eine herrliche Pyramide, das Ganze ist gar nicht so schwer (s. Bild S. 108). Sie benötigen dafür einen breit und sehr üppig gewachsenen oder einen künstlichen Baum und einige Meter feste, dicke Girlanden oder breite, stabile Bänder. Damit umwickeln sie das Gewächs in Spiralform so, daß der Baum eine Pyramidenform bekommt. In Spiralform befestigen Sie dann auch den übrigen Schmuck und die elektrischen Kerzengirlanden. Sehr reizvoll wirken zwei solche Bäumchen beidseits einer Tür.

Lametta und Last Minute

Baumtypen, Menschentypen

Individualismus ist das, was den Menschen
von den Menschen unterscheidet.
Werner Mitsch

Zeig' mir deinen Weihnachtsbaum, und ich sage dir, wer du bist! Ob sein Besitzer Kind oder Senior, Gärtner oder Arzt, Melancholiker oder Choleriker, frisch verliebt oder längst geschieden ist – der Baum kann's verraten. Er spiegelt Lebensstil und Einstellung, er ist Stimmungsbarometer und Seelenhoroskop. Klar ist: Bösewichte haben keine Weihnachtsbäume. Nun darf daraus niemals geschlossen werden, daß sich in Baumlosigkeit charakterliche Mängel äußern! Selbstredend hat jeder Baumlose seine guten Gründe. Ein Gemütsbonus fällt Baumbesitzern jedoch immer zu: Herzenswärme. Johann Wanner hat so seine Erfahrungen gemacht mit den Menschen und ihren Bäumen. Nachfolgende Feststellungen entbehren jeder wissenschaftlich-empirischen Grundlage und basieren auf seinen persönlichen, langjährigen Beobachtungen. Die Angaben erfolgen ohne jede Gewähr und aus Spaß. Und doch: Schauen Sie mal auf Ihre Bäume und die Ihrer Bekannten und Anverwandten. Es ist schon was dran, oder?

Weihnachtsbäume mit Strohsternen gehören oft zu Menschen, die in den siebziger Jahren Kind waren, denn damals stand man auf Nostalgie und Stroh am Baum. Diese Vorliebe haben viele aus ihrer Jugend beibehalten, vor allem Lehrer. Strohsternfans sind oft Vegetarier. In der Wohnung stehen Teak- oder schwedische Fichtenmöbel. Im Urlaub geht's mit dem Wohnmobil nach Skandinavien oder Frankreich.

Lametta trägt der Last-Minute-Baum. Wer Heiligabend kurz vor Geschäftsschluß plötzlich merkt, daß Baumschmuck fehlt, kauft rasch noch ein paar Päckchen Lametta. Ansonsten ist der typische Lamettaschmücker ein bißchen weltfremd, hängt an Erinnerungen und steht gegenwärtigen Entwicklungen kritisch ge-

genüber. Die Zukunft denkt er sich nicht sehr rosig. Besser, meint er bei sich, wird's wohl nicht werden. Seine Wohnung ist gediegen bis konservativ eingerichtet.

Der frühzeitige Christbaumschmücker ist ein praktischer, offensiver Mensch, der sich und sein Leben sehr gut organisiert. Er ist Frühaufsteher, schätzt pünktlich eingenommene Mahlzeiten, hat alles im Griff und weiß, was er will. Man kann auf ihn und seine Zuverlässigkeit bauen. Er ist ein guter Gastgeber, auch an Weihnachten. Bei ihm daheim ist's ordentlich und gemütlich.

Der notorisch späte Christbaumschmücker ärgert sich jedes Jahr aufs neue, daß Weihnachten wieder so früh kommt. Er ist voll der guten, nutzlosen Vorsätze. Typ: Spätaufsteher. Er weiß, daß er sich auf seine plötzlichen, genialen Eingebungen verlassen kann, schließlich ist der Christbaum immer noch schön geworden. Man lädt ihn gern ein. In der Gastgeberrolle fühlt er sich nicht sehr wohl, denn das Essen brennt öfter mal an. Weil er Single ist oder kinderlos, muß er sich stark um sich selbst kümmern. Die wenigen Minuten, die diesem gehetzten Zeitgenossen bleiben, widmet er seinen Hobbys, den Freundinnen und seiner Katze. Wohntendenz: Chaos.

Rote Kugeln am Baum verraten: Dieser Mensch ist kein Langweiler. Er steht der Welt und seinen Mitmenschen positiv gegenüber. Er ist ein sozialer Typ, er engagiert sich in Vereinen und caritativen Organisationen. Er packt die Dinge mutig und temperamentvoll an und steht mit beiden Beinen in der Welt. Die Wohnung dieses Erfolgstypen ist eine Kuschelhöhle, sein Familienleben Mittelpunkt des Universums.

Der Silberbaum gehört zu einem vorsichtig handelnden Menschen, der mehr kann, als er sich selbst zu-

Wenn man eine zweite Farbe hinzufügt, strahlt der Silberbaum noch viel schöner.

traut. Im Baum wie in seinen Stilmöbeln verrät er eine konservative Haltung. Er liebt Mozart und Beethoven. Entweder er hat keine Kinder oder sie sind schon aus dem Nest. Ältere Ehepaare lieben Silberbäume, vielleicht, weil sie so gut zu ihrem schönen Haar passen.

Der kunterbunte Baum erzählt: Mein Besitzer schöpft aus dem vollen. Er ist unbekümmert, kreativ und immer guter Dinge. Er ist ein Lebenskünstler, den man einfach gern haben muß. Ein Mensch, der die Zahl seiner Sorgen in Grenzen zu halten weiß. Sein Leben ist weitgehend nach Wunsch verlaufen, die Kindheit war behütet und

glücklich. Wunschzustand: frisch verliebt. In der Wohnung: Stilmix.

Spielzeugbäume sind Eltern-und-Kinder-Bäume. Man findet sie hauptsächlich bei jungen Familien. Diesen Baum schmückt die junge Mutter, manchmal hilft die Oma der gestreßten Tochter. Hier dreht sich alles um die lieben Kleinen, Leben und Wohnung sind kindgerecht organisiert. Alles muß praktisch sein, nett und ungekünstelt. Nie wirkt's um die Bäume ganz aufgeräumt: Teddys, Bauklötze, Fläschchen und Lätzchen liegen immer drum herum.

Süßigkeiten sind selten geworden auf den Bäumen, schließlich achtet man ja auf Kalorien. Wer das nicht tut, hat's gewiß auch nicht nötig und kann sich auch sonst Konfekt und Torten leisten. Meistens sind das ältere Herrschaften, die sich

Weihnachten fröhlich ihrer Kindertage erinnern.

Blauer und grüner Baumschmuck, vor allem auch in dieser Kombination, gehört zu einem mutigen, extravaganten Typ mittleren oder jugendlicheren Alters. Die Wohnung ist eher sparsam und geschmacksicher mit ausgewählten Einzelstücken möbliert.

Glaskugeln in Pastelltönen wie Rosé sind bei den feinen Damen beliebt, deren Wohnungen voller erlesener Antiquitäten sind. Bevorzugtes Outfit: elegante Klassik in Pastell.

Wer *goldenen Baumschmuck oder Gold in Kombination mit anderen Farben* schätzt, verbringt sein Berufsleben oft in einer kühl-sachlichen Umgebung. Ärzte und Krankenschwestern lieben Goldbäume, die auch seit jeher die Bäume gutsituierter Bürgerkreise sind. Höhere Beamte mögen's besonders goldig.

Äpfel und Nüsse sprechen für eine bäuerliche Herkunft. Natürlicher Baumschmuck ist bei Städtern besonders beliebt, die auf dem Land aufgewachsen sind und dort heute ihr Wochenendhäuschen haben. Naturverbundene, besonders sportliche Menschen lieben Bäume des Typs Natur pur. Elektrische Kerzen sind für sie das

Das mögen Eltern kleiner Schulkinder als Baumbehang: Teddys, alle möglichen putzigen Spielsachen, Schultüten. Daß ein Baum voller Spielsachen auch den Sprößlingen gefällt, versteht sich von selbst.

letzte. Zum Frühstück gibt's auch am Weihnachtsmorgen Müsli und Honig.

Ungewöhnliche Farbkombinationen wählen Menschen, die mit Farbe oder Mode zu tun haben, etwa Fotografen, Maler und Designer.

Aktuelle Modefarben gehören zu jungen, trendbewußten Leuten. Sie sind gut drauf, cool und selbstbewußt. Schon in der Schule war ihnen Geschichte schnuppe, denn ihnen gehört ja wohl die Zukunft. Das hindert sie nicht daran, Rumpelkammer-Nostalgie toll zu finden. Am Baum aber bitte nur staubige Originale mit Macken und Patina.

Bäume, an denen alles baumeln darf, aber um Gottes Willen bloß *kein Weihnachtsschmuck*, dienen der jugendlichen Uni-Avantgarde zur opti-

schen Demonstration: Schaut mal, ich bin anders und intellektueller. Der bewußte Anti-Schmuck-Schmücker haßt alle Normalität, insbesondere Heiligabend mit den Eltern. Am 24. Dezember trifft er sich mit Gleichgesinnten zur ausgeflippten Riesenfete. Dabei versucht er vergeblich, nicht an die traurige Mama zu denken. Am 25. läßt er sich dann von ihr im Familienkreis mit der traditionellen Weihnachtsgans verwöhnen.

Üppig behängte Bäume sprechen immer für Großzügigkeit. Meistens stehen die Baumbesitzer in einer katholischen Tradition. Protestanten gehen mit Schmuck sparsamer um. Wer sich beim Baumschmuck zurückhält, versucht, sein Geld zusammenzuhalten, liefert es dann aber brav beim Finanzamt ab.

So ein Baumtraum in Rosa und Pink entzückt vor allem feine Damen.

RUND UND SCHÖN

IMMER BELIEBTER UND PRÄCHTIGER: ADVENTSKRÄNZE UND TÜRKRÄNZE

Ein Vergnügen erwarten ist auch ein Vergnügen.
Gotthold Ephraim Lessing

edes Jahr der schöne, fast feierliche Moment: Die erste Kerze am Adventskranz wird entzündet. Die Adventskranztradition ist jünger als der Weihnachtsbaum. Wenn die Saga stimmt, dann hat der protestantische Geistliche Johann Heinrich Wichern den Adventskranz »erfunden«. Der Gründer des »Rauhen Hauses« in Hamburg soll in seinem Sozialheim zur Freude der dort betreuten Jugendlichen erstmals im Jahr 1860 einen Adventskronleuchter aufgehängt haben. Darauf soviel Kerzen, wie das Jahr Adventstage zählt. Jeden Abend brannten soviele Kerzen, wie Adventstage vergangen waren.

Aus dem Leuchter wurde später der grüne Kranz und aus den Kerzen für jeden Tag eine Kerze für jeden Adventssonntag. Zögerlich übernahmen die Katholiken den Brauch; erst seit etwa 60 Jahren sind Adventskränze in katholischen Kirchen geduldet. Seitdem bilden sie das Symbol der Vorweihnachtszeit. Ob von der Decke hängend wie der Hamburger Urtyp, ob auf dem Tisch an einem Holzständer befestigt oder auf einem Teller liegend – Adventskränze gehören ganz selbstverständlich zur vorweihnachtlichen Tradition.

Der Kranz wuchs aus der kultischen Verehrung des Immergrüns. Er verbindet das Kreissymbol für Ewigkeit mit dem grünen Lebenszeichen. Mit Eichen-, Lorbeer- und Olivenkränzen ehrten Griechen und Römer Sieger im Sport, in der Politik und beim Militär. Aus dem Kranz, lateinisch »corona«, wurde auch die Krone der Majestäten.

In den Beziehungen zwischen den Geschlechtern spielten Kränze ab dem späten Mittelalter eine große Rolle. Ein Birkenkranz als symboli-

Edler Adventskranz in Gold.

sche Antwort auf einen Heiratsantrag sagte dem Freier: Ja, ich will. Mit Haselnußkränzen erteilten die Damen ihren Verehrern dagegen wortlose Abfuhren. Der Hochzeitskranz ist bis heute ein jungfräuliches Brautsymbol. Wenn zur Ehre der Toten Kränze auf Gräber gelegt werden, so sind auch sie ein Zeichen der Ewigkeit und künden von der Hoffnung auf ein ewiges Leben.

Türkränze, immer beliebter nicht nur zur Weihnachtszeit, grüßen heute willkommene Gäste. Das schönste an den Tür- und Advents-

Hängekranz, großzügig barock gestylt.

kränzen: Der Phantasie sind keine Grenzen gesetzt. Ob traditionell oder verspielt, avantgardistisch oder eher romantisch – jeder kann kranzschmückend seinen eigenen Deko-Stil pflegen.

Wie beim Weihnachtsbaum gilt der Grundsatz: Bitte bei der Kerzenqualität nicht sparen. Vor allem bei Adventskränzen ist es ärgerlich, wenn die Kerzen zu schnell herunterbrennen. Die Kranz-Rohlinge sind meist aus Stroh, Holzgeflecht oder Styropor. Daran befestigt werden kann alles, was hübsch natürlich ist: Ruten und Ranken, Bast, Draht und Moos. Jede Art von Immergrün sieht wunderbar aus, nicht nur die traditionellen, klassischen Koniferenreiser. Auch

Buchsbaumkranz, behängt mit filigranen Instrumenten
und bestückt mit Engeln, in den klassischen Weihnachtsfarben Rot und Grün.

Extravanter, goldgespritzter Buchsbaumkranz mit
barocker Schneckenzier und edlen Glaszapfen.

Rustikaler Gewürzkranz mit Gewürzkugeln
und Maché-Sonne.

Früchte, Zapfen oder Samenstände machen sich herrlich. Wer Duftkränze mag, kann Rosmarin oder Wacholder darunterbinden. Reizend auch: Trockenblumen, Früchte und Beeren.

Johann Wanner findet die Kranzform so schön und sinnreich, daß er ihr auf jeden Fall vor floristischen Adventsgestecken den Vorzug gibt. Seine Kränze, vornehmlich große Hängekränze, sind wuchtige, kunstvoll dekorierte Augenweiden. Manche bestückt er mit Brokatbändern, edlem Glasschmuck und glänzenden großen Blüten und gibt ihnen damit ein feudalbarockes Gepränge. Oder er läßt an langen Bändern viele zierliche Glaskörper, etwa Nikoläuse, gut 20 Zentimeter lang von den Kränzen baumeln. Schließlich hat der bärtige Gabenbringer auch zu Beginn der Adventszeit Hochsaison. Ähnlich wie bei den Weihnachtsbäumen widmet Wanner Kränze bestimmten Themen. Herzig: der Liebeskranz.

Kranz mit Tüllschleifen und Glasperlenkette.

DAS GLÜCK
MIT DEN
GLASKUGELN

EINE GLORREICHE
BAUMKARRIERE

Es ist dieses kleine Glasblasen,
so mit der Lampen geschieht,
ob zwar nicht der nützlichsten,
doch der allerzierlichsten Stücke der ganzen Glaskunst;
womit gewiß macherley Ergötzlichkeiten anzustellen...
Johann Kunckel im Jahr 1679

Bekanntlich macht Not erfinderisch. Vor etwa 150 Jahren ging es den Glasbläsern im schönen Erzgebirge eher schlecht. Der Handel mit Glasbechern und Glasflaschen, Spezialitäten des Gewerbes, schleppte sich matt dahin. Andere typische Glasartikel waren Perlen-Imitationen. Aus den kleinen Kügelchen, sogenannten Fischsilberperlen, wurden reizende kleine Fruchtkörbchen produziert, biedermeierliche Glasspielsachen und Hutdekorationen, aber auch Brautkronen, die so allmählich etwas antiquiert wirkten. Ins Stocken geraten war auch der Absatz wachsgefüllter Glasperlenschnüre, die man den Damen als Halsschmuck anbot. Das Problem: Man fertigte einfach zuviel des Guten. Verwundern konnte das alles die Handwerker nicht, schließlich waren die Zeiten, wirtschaftlich gesehen, alles andere als rosig, und außerdem produzierte man die ewig gleichen Perlenmodelle schon seit Jahren; der Markt verlangte wohl endlich irgend etwas Neues, Modisches.

Da verfielen die Glasbläser auf die glorreiche Idee, Zierfiguren sowie größere und prächtigere Kugeln zu blasen. Um die Mitte des 19. Jahrhunderts offerierten sie die bleiverglasten, glimmernden Bällchen, Durchmesser zwischen 2,5 und 6 Zentimeter, erstmals einem Publikum, das sich zunächst wohl im eigenen Familien- und Bekanntenkreis fand. Ungefähr ab 1860 wurden die Produkte für den Christbaum dann zur normalen Handelsware.

Höchstwahrscheinlich begann zunächst alles mit Früchten und Nüssen aus bunt bemaltem Glas, zierliche Nippes, die sich überall hübsch machten – auch an einem Tannenbäumchen. So paradox es klingt: Vermutlich waren die allerersten Christbaumkugeln nicht speziell für den Christbaum gedacht, sie rangierten jedenfalls in den Musterkatalogen unter »Glas-

spielzeug«. Ein einziger Erfinder war nie zu benennen. Möglicherweise hatten aber auch mehrere Glasbläser in etwa zur gleichen Zeit den Einfall. Kaum waren die ersten Spielzeugkugeln geblasen, scheint auch schon jemand die schönen Glassachen als Baumschmuck verwendet zu haben. Letztlich entstand also unser gläserner Baumbehang aus Glasperlen, Luxusartikel schon seit weit über 3000 Jahren. Archäologen entdeckten die ältesten bei Grabungen in Ägypten. Sie stammen aus der Regierungszeit Thutmosis III. und damit aus einer Zeit um 1500 v. Chr.

Aber zurück nach Lauscha, der Glasbläserstadt par excellence. 1867 wurde dort die erste Gasanstalt gebaut, so daß die Glasbläser nun Gas als Energiequelle nutzen konnten. Bis dahin hatten die Handwerker das Glas mühsam über Öllämpchen gedreht, deren schwache Hitze nur zur Herstellung kleiner Kugeln reichte. Über den kräftigeren, heißeren und gut regulierbaren Bunsenbrennern konnten nun weit größere und zartere Glasballons geblasen werden. Als man wenig später auch noch das gesundheitsschädliche Blei durch eine ungiftige Naßversilberung ersetzte, war die Christbaumkugel, wie wir sie heute kennen, perfekt. Einen kräftigen Schub erlebte die Branche mit der Gründung des Kaiserreichs 1871. Vor allem Bismarck war begeistert vom Thüringer Christbaumschmuck und stilisierte die Ware in der Zeit der Industrialisierung zum nationalen Anliegen. Vom kleinen Gebirgsstädtchen Lauscha aus rollte die zarte Glasblase bald in alle Herren Länder. Heute bildet die magische Lichtfängerin weltweit die beliebteste Baumzier.

Täglich ersannen die phantasiebegabten Glasbläser damals neue pfiffige Figurentypen und kunstvolleren gläsernen Zierrat. Die kompliziertesten Miniobjekte mit den zierlichsten Details entstanden: Vögel, Trompe-

132

Christbaumspitzen im Biedermeierstil.

ten, Zapfen, Kännchen, Früchte, Sterne, Lyren, Häuschen, Schiffchen. Schon 1939 waren 5000 verschiedene gläserne Christbaumartikel auf dem Markt. Jahrzehntelang blieben die berühmten und erfolgreichen Glasbläser in und um Lauscha ohne jede Konkurrenz, dann fertigten auch Fabriken im böhmischen Gablonz gläsernen Christbaumschmuck, der freilich ganz anders aussah als der Thüringer. Die aus winzigen Glasperlen gefädelten und mit leonischen Drähten gewirkten Gebilde wurden auch bald Marktschlager. Der charakteristische Gablonzer Perlenschmuck aus Böhmen ist heute wie damals einzigartig in Qualität und Gestalt. Auch Johann Wanner läßt einen Teil seiner besonders fein gearbeiteten Perlengespinste in den Gablonzer Traditionswerkstätten herstellen. Erst in diesem Jahrhundert spezialisierten sich weitere Fabriken in

Polen (vor allem in der Gegend um Danzig), in Amerika und Asien auf die Herstellung gläsernen Baumschmucks. Bislang konnte freilich kein außereuropäischer Hersteller europäischen Traditionsfarbriken den Führungsrang in Sachen Qualität streitig machen. Und die Kunden, vor allem Sammler, wünschen heute Weihnachtsschmuck vom Feinsten.

Glas ist ein ungemein faszinierender Werkstoff: lichtdurchlässig, färb- und formbar, hart und zart zugleich. Es kann gewalzt und gepreßt, gegossen und geblasen werden. Es verträgt Ätzen, Drucken, Malen und Ritzen – und damit sind längst noch nicht alle Techniken der Glasbearbeitung genannt. Künstler schätzen das

133

Material nicht zuletzt deshalb, weil es sich mit relativ einfachen technischen Mitteln in die herrlichsten Kunstwerke verwandeln läßt. Keine Frage: Nichts funkelt schöner am Weihnachtsbaum als Glas. Und keine mundgeblasene Kugel gleicht genau der anderen. Keine ist so glatt rund wie etwa eine Glühbirne. Wenn man genau hinschaut, entdeckt man sanfte Wölbungen und leichte Dellen. Jedes Stück ist ein federleichtes, empfindliches Unikat.

Insbesondere mundgeblasene Glasobjekte glitzern und funkeln auch an den luxuriösen Wanner-Bäumen. Die Glasbläser in ihren Familienbetrieben haben keine Mühe, sich den formalen und farbigen Wannerschen Vorgaben rasch anzupassen. Gerade die Manufakturen des Erzgebirges beweisen heute, wie prächtig sich Tradition und Moderne beim Weihnachtsschmuck vertragen. Nach den Entwürfen des Baslers entstehen besonders schöne Glasarbeiten, bei denen die früher gerühmte Feinheit der Formen und die alte Detailgenauigkeit in der leuchtend bunten Verzierung fröhliche Urständ feiern.

Dabei war während des Zweiten Weltkriegs die überlieferte Kunst des Glasformenbaus fast ausgestorben. Lange lag der traditionelle Formenschatz brach, niemand kümmerte sich um die alten, vor allem aus einer Porzellan-Gips-Mischung bestehenden Glasbläsermodel, die in Kellern und auf Dachböden verstaubten. Sie schienen sich so überlebt zu haben wie all die ihnen entstammenden putzigen Nikoläuse, Engelchen, Uhren, Pfauen und Fische. Ausgehend vom Wannerschen Weihnachtshaus nahm die Renais-

*Nobler Glasschmuck in Rosé und Gold (links)
sowie Blau und Silber (oben).*

sance des figürlich nostalgischen Baumbehangs in
den achtziger Jahren ihren Anfang. Der Basler
Formensammler, der schon früh besonders feine
Model erwarb, führte sie ihrer Bestimmung wieder zu, modifizierte die traditionelle Formen-
vielfalt, ersann reizende Varianten und gab neue
Model in Auftrag.

Noch in DDR-Zeiten mußte die verstaatlichte
Thüringer Christbaumindustrie mit staatlichen
Subventionen am Leben erhalten werden. Heute
verspürt die reprivatisierte Traditionsbranche
endlich wieder Aufwind. In Lauscha existieren
nun wieder zehn jener Familienbetriebe, in denen

sich seit Generationen die Glasbläserkunst vom
Vater auf den Sohn vererbt hat. Kunstvoll gear-
beitete Christbaumkugeln sind zum fragilen
Luxusartikel geworden. Heute werden die alten
Originalformen gehütet wie rare Schätze. Über
100 Millionen Glasobjekte verlassen jedes Jahr
die Werkstätten dieser Stadt. Viele tausend verschiedene Christbaumartikel – das Spektrum des
Designs reicht von historisch bis futuristisch –
haben die Lauschaer ständig im Programm. Und
viele Stücke tragen das Wanner-Emblem. Eine
unendlich buntschillernde Vielfalt entzückender
Wanner-Wesen bevölkert die Christbäume aller-
orten, erkennbar an gestalterischer Originalität,
formaler Detailgenauigkeit und exakter Zeich-
nung. Die Franzosen nannten Wanner, aus dessen
Ideenfabrik jedes Jahr neue Zaubergestalten

kommen, »le Chanel de la boule« – den Chanel der Christbaumkugel.

Glasobjekte nicht für alltägliche Gebrauchszwecke, sondern in künstlerisch dekorativer Form kannte man schon in der Antike. Wahre Künstler im Umgang mit Glas waren die Griechen. Von ihnen lernten die Römer und danach alle anderen Europäer. Wann, wo und wie die Menschen entdeckten, daß Sand und Soda, miteinander in brodelnder Weißglut verschmolzen, das Wunder des Glaswerdens bewirkten, ist leider unbekannt. Vermutlich gelang den Ägyptern das Mirakel des lichtdurchlässigen Glasflusses durch feuerglühende Schmelze. Forscher nehmen an, daß die Menschen zufällig dahinterkamen, als sie versuchten, Glasuren für Töpferwaren zu fertigen.

Lange Zeit glaubten die Historiker, daß die Technik des Formblasens, der wir heute die Vielfalt der Kleinfigurenplastiken am Christbaum verdanken, vor dem sogenannten Freiblasen, der Technik für die Christbaumkugeln, erfunden wurde. Heute vertreten manche Fachleuchte die Ansicht, daß die Glasskulptur älter ist als die Glasblase, deren Entdeckung syrischen Glasarbeitern im 1. Jahrhundert v. Chr. zugeschrieben wird. Daß aus der Frühzeit des Formblasens keine Formen erhalten blieben, rührt wohl daher, daß die hohen Glastemperaturen die Muster im Inneren der Formen zerstörten. Sie mußten also nach einmaliger Verwendung weggeworfen wer-

Porzellanschale, gefüllt mit alten Rosenkugeln.

den. Manche Formen dürften auch aus Metall, vermutlich einer Kupferlegierung, bestanden haben, die eingeschmolzen und wiederverwendet werden mußten.

Weil man für die Glasbereitung vor allem riesige Mengen Holz zur Befeuerung der Hüttenöfen und für die Pottasche benötigte, siedelten sich die mittelalterlichen Glashütten immer in waldreichen Gebieten an. Die ersten entstanden im 16. und 17. Jahrhundert im Thüringer Wald, im Erz- und Riesengebirge sowie im Böhmerwald. Design und Ornamentik der Glasobjekte bedienen sich künstlerischer, folkloristischer und historischer Vorbilder und Ideen aus aller Herren Länder. Inspirierend bis zum heutigen Tag sind venezianische Ornamente, die wiederum teilweise auf islamische Einflüsse zurückgehen. Als Venedig im 14. Jahrhundert zur führenden europäischen Handelsmacht aufstieg, erlebte die Glaskunst vor allem auf der Insel Murano ihre Blütezeit. Bis heute gelten Eleganz, Formen und Muster als unübertroffen und stilprägend für die gesamte Glaskunst.

Und so wird heute noch in Lauscha in Form geblasen: Der Rohstoff für Glas wird als Röhrenglas geliefert. Die Röhren werden meistens maschinell in Stücke geschnitten und diese an einem Ende zugeschmolzen. Der Glasbläser erhitzt dann über der Gasflamme die Mitte der Röhre, legt diese auf den unteren Teil einer Form, klappt den oberen Teil darauf und bläst durch das offene Ende des Röhrenglases. Die heiße Glasmasse füllt die Form aus und paßt sich ihrem Muster an. Jetzt wird die Form wieder aufgeklappt, und die Glasfigur am Spieß wird zum Abkühlen und Fertigmachen herausgenommen.

Und so entsteht »vor der Lampe« eine frei geblasene Glaskugel: An der Gasflamme werden die vorgefertigten Glasröhren erhitzt, auseinandergezogen und an einem Ende zugeschmolzen. Geschickt preßt nun der Aufbläser mit dem Mund durch das offene Ende Atemluft ins Innere der erwärmten Röhre und dreht die Blase rasch um die eigene Achse. Die Kugel ist fertig und wird an ihrem Glasspieß zum Kühlen aufgestellt.

Anschließend werden beide Objekte weiter bearbeitet. Das sogenannte »Fertigmachen« ist in der Regel Frauensache. In die Kugeln wird nun eine Silbernitratlösung gefüllt. Jede Kugel wird so geschüttelt und geschwenkt und dabei in ein warmes Wasserbad getaucht, daß sich die metallische Flüssigkeit absetzt und gleichmäßig verteilt. Farben werden durch Tauchen, Bemalen oder Spritzen aufgetragen. Besonders häufig sind Zickzackmuster und Schlangenlinien. Manchmal werden Kugeln auch in Leim getunkt und mit Glimmer überzogen. Oder man umspinnt sie mit feinen Drahtgespinsten, überzieht sie mit Papier, Samt oder Brokat.

Besondere Spezialitäten wie etwa sternähnliche Formen, Glocken oder Christbaumspitzen entstehen durch Drücken, Ziehen oder Drehen während des Einblasens. Zapfen werden in Form geblasen. Sogenannte Reflexkugeln mit eingedrückten Seiten entstehen, indem Formenstempel in die heiße Glasblase gedrückt werden. Erst wenn die Kugel fertig ist, wird der Glasspieß abgeschnitten und das Hütchen draufgesetzt, an dem der Christbaumdraht befestigt wird.

Tip: Um Weihnachtskugeln abzustauben, braucht man nur Baumwollhandschuhe anzuziehen und die Kugeln in den Händen zu drehen.

Übrigens ist heute kein Werkstoff denkbar, der nicht solo oder in Kombination mit anderen für Christbaumschmuck verwendet wird: Holz, Papier, Pappe, Pappmaché, Textilien aller Art, Felle, Watte, Trockenfrüchte, Samen, Folien, Edelsteine, Porzellan, Ton, Keramik, Metalle. Acrylglas, das zu wunderbaren Formen verarbeitet werden kann, ist aus der Schmuckproduktion auch nicht mehr wegzudenken. Hohen Qualitätsansprüchen dienen nur die feinsten Kunststoffe, die dann zu raffinierten Design-Objekten verarbeitet werden.

NICHT NUR ZUR WEIHNACHTSZEIT

Wirklich jammerschade, wenn die funkelnde Deko-Pracht nach dem Dreikönigstag in Kartons verschwindet und fast ein ganzes Jahr auf dem Dachboden ein unbeachtetes Dasein fristet. Das Ehepaar Wanner dekoriert seine Wohnung das ganze Jahr mit Christbaumschmuck – die Wirkung ist bezaubernd!

Nun könnte man da schon von vorneweg einwenden: Christbaumkugeln gehören auf den Baum, und sie sollten dort auch eine befristete festliche Attraktion bleiben. Das ist auch richtig. Doch andererseits: Eine Glaskugel macht noch kein Weihnachtsfest, und wir erfreuen uns ja auch in schönen Sommernächten am Kerzenschein. Der Trick bei den Weihnachtskugeln: Aus den weihnachtsüblichen Dekorationen entfernt und in andere optische Zusammenhänge gebracht, entwickeln sie eine völlig andere, ganz eigene Wirkung, einfach eine buntschillernde, barock-nostalgische Pracht. Sie erinnern dann an die sommerlichen Glückskugeln, die schon seit dem 18. Jahrhundert in Parks und Gärten leuchten.

Ursel Wanner füllt gläserne Bonbonnieren mit kleinen, farblich aufeinander abgestimmten Glaskugeln, so daß sie dort brillieren wie edles Konfekt. Manche Sammelstücke arrangiert sie in Schalen und Etageren, andere gruppieren sich um Kerzenleuchter auf Simsen oder in

Das ganze Jahr in prächtiger Blüte: ein Baum aus edlen weißen Seidenlilien.

Regalen. Ein Lilienbäumchen, vor einem Spiegel plaziert, wirkt wie ein großer festlicher Blumenstrauß. Bunte Kugeln zieren auch Wandlampen und Türen. Entzückend wirken die bunten Glasvögelchen, rund um einen Vogelbauer gesteckt.

Andere hübsche Ideen: Glaskugeln oder Engel zwischen Blumensträußen und Pflanzen, in Körben und auf Tellern. Große Hüttenkugeln, die im Sonnenlicht herrlich als magische Blickfänge in Fenstern funkeln.

GESCHENKTIPS

Verschenken Sie doch das ganze Jahr über exquisiten Christbaumschmuck, und bringen Sie die Objekte in überraschende, nichtweihnachtliche Zusammenhänge. Glasfrüchte für den Baum wirken hübsch in Körbchen. Reizend beispielsweise auch: rote Erdbeeren in einer edlen schwarzen Schachtel. Wer freut sich auch nicht über alle möglichen Glückssymbole! Eine gläserne, bunte Kollektion Glückskäfer, Kaminkehrer und lustiger Harlekine kommt immer gut an.

Ausgefallen: Schenken Sie Weihnachtsschmuck – natürlich auch ganzjährig –, der in einer Beziehung zur Person steht. Oder schmücken Sie damit eine Pflanze, etwa ein Buchsbäumchen, das Sie verschenken wollen. In der Wanner-Kollektion finden Sie beispielsweise: bunte Fische für alle Hobbyfischer, Waldtiere für Jäger, alle möglichen Musikinstrumente für Musikfans, Sterne für Hobbyastrologen, Herzen für alle, denen man herzlich zugetan ist. Manche Weihnachtsdekorationen passen auch gut zu einer Geburtstagstafel und sind sicher ein willkommenes Geburtstagsgeschenk.

DIE *S*PRACHE DER DINGE

ZUR SYMBOLIK DES BAUMSCHMUCKS

...Ich lass' mir mein' Aberglaub'n
Durch ka Aufklärung raub'n
Aus J. N. Nestroys Posse »Höllenangst«

Vieles von dem, was ein Weihnachtsbaum über das Sichtbare hinaus ausstrahlt, ist nicht genau benennbar, aber wirksam. Jedes Objekt weckt Assoziationen. Nichts von dem, was der Mensch registriert, bleibt ohne Einfluß auf Körper und Seele. Auch wenn man als rational denkender Mensch nicht geneigt ist, die Kraft der Symbole zu überschätzen, so ist es immerhin interessant zu wissen, was so in den Dingen steckt, oder, besser gesagt, in welcher Beziehung sie zu uns stehen – vielleicht auch nur stehen können.

Daß Johann Wanner an seinen Bäumen symbolische Aussagen sehr bewußt einsetzt, ist sicher ein Teil seines Erfolgsgeheimnisses. Nur zu genau weiß er, daß immer mehr Menschen dem Weihnachtsbaum einen ganz eigenen Sinn geben wollen und mit dem Zauber bewußt spielen. Sie wollen's auch mal probieren – nur so zum Spaß?

Rote Äpfel und Kerzen dominieren an diesem Adventskranz.

Bitte sehr: Nachfolgend charakterisieren wir einige jener schmückenden Formen, die besonders häufig an den Weihnachtsbäumen zu finden sind. Sicher auch an Ihrem!

Zuvor aber noch einige Bemerkungen: Denkbar wären natürlich unendlich viele Betrachtungsmöglichkeiten. So etwa religiöse oder psychologische. In Südeuropa sieht man so manches anders als im Norden. Jede philosophische Schule stellt andere Aspekte in den Vordergrund; die antike abendländische Kunst verwendet eine andere symbolische Sprache als die heutige Esoterik. Bei jedem Menschen stehen andere Dinge stellvertretend für bestimmte Gedanken und Ideen. Denn in der alltäglichen Betrachtung verschmelzen Erkenntnisse, Glaube, Legende und Aberglaube noch mit familiären Traditionen und persönlichen Erfahrungen.

Johann Wanner erfährt täglich, was Menschen in den kleinen Sachen sehen, die sie an den Baum hängen. Schöpfen wir also aus seinem persönlichen, bunten Erfahrungsschatz. Fragen wir ihn: Was bedeutet eigentlich der Schmuck am Weihnachtsbaum?

ÄPFEL UND KUGELN

Er ist ein wichtiges Weihnachtsrequisit: der duftende, satten Sommer mitten im Winter verheißende Apfel. Glänzend, verlockend, sinnlich. Das pralle Vergnügen ist's, in so ein knackiges Rotbäckchen zu beißen. Was sind Äpfel nicht alles: Rohkost, Sinnbild für Fruchtbarkeit, Geschenk für brave Kinder im Sack des Weihnachtsmanns. Rot wie Rubin, aber auch rot wie Blut – Schneewittchens Verderbnis. Denn merke: Seit Eva lauert in jedem Apfel ein kleines sündiges Teufelchen.

Und so wurde daraus auch ein weihnachtliches Liebesorakel: Eine alte Legende sagt: Wenn ein Mägdlein am ersten Weihnachtsfeiertag in der

Haustür stehend einen Apfel ißt, dann wird der erste vorbeigehende Bursche ihr Freier. Eine andere Geschichte: Soviele Kerne wie beim Zerteilen eines Apfels Heiligabend aus der Frucht fallen, soviel weniger Jahre hat einer zu leben.

Äpfel am Weihnachtsbaum, in welcher Form und Farbe auch immer, erinnern an die Äpfel im Paradies und an das Paradiesische am Weihnachtsfest. Goldene Äpfel beziehen sich eher auf antike Baummythen. In der griechischen Mythologie wachen drei Nymphen, die Hesperiden, gemeinsam mit dem hundertköpfigen Drachen Ladon im fernen Westen der Welt über die goldenen Äpfel im Garten der Götter, im Elysion. Gäa, die Göttin der Erde, ließ sie dort als Hochzeitsgeschenk für Zeus und Hera reifen. Herakles, Sohn des Zeus, raubte drei goldene Äpfel in Erfüllung einer von zwölf Heldentaten. Die wunderbarsten aller Früchte waren das, eine Götterspeise. Wer davon aß, erlangte Unsterblichkeit. Antike Kunst benutzt goldene Äpfel als Sinnbilder für die Sterne des Himmelsbaums, die die Welt regieren. Herakles holte also mit den Äpfeln die Macht über die Welt.

Die Christbaumkugeln stehen in enger Beziehung zur Apfelsymbolik. Die Glasbläser entwickelten die Kugelform ja auch aus kleinen Glasperlen und Früchten. Die Kugel gilt als absolut perfekte Form und steht daher für Vollkommenheit und Göttlichkeit. Im Reichsapfel findet sie sich als altes Zeichen für Macht. Als Form ohne Anfang und Ende symbolisiert sie Ewigkeit.

Nüsse

Schwer zu knacken, hart, verschlossen, rätselhaft: Nüsse sind Sinnbilder für Gottes unerforschlichen Ratschluß. Sie symbolisieren die zwei Seiten des Lebens. Im Innern das Dunkle, Rätselhafte – den Tod. Äußerlich: strahlend und lebendig. Wir verbinden mit ihnen Gedanken an Natur, Herbst und Fruchtbarkeit.

Glocken

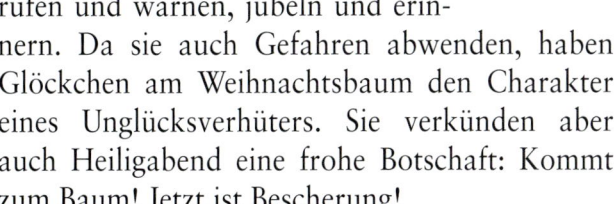

Glocken läuten zur Heiligen Nacht und begrüßen das Neue Jahr. Die erste Kirchenglocke – die Urform stammt vermutlich aus Asien – hat in Europa wohl in Italien etwa um das Jahr 400 geläutet. Glocken rufen und warnen, jubeln und erinnern. Da sie auch Gefahren abwenden, haben Glöckchen am Weihnachtsbaum den Charakter eines Unglücksverhüters. Sie verkünden aber auch Heiligabend eine frohe Botschaft: Kommt zum Baum! Jetzt ist Bescherung!

Geschenke

Geschenke und kleine Päckchen hängen seit alters her am Baum. Sie erinnern an die Gaben der Heiligen Drei Könige für das Kind, symbolisieren Nächstenliebe und Hingabe. Und ebenso wie in der weihnachtlichen Geschenktradition steckt möglicherweise ein nichtchristlicher Ursprung dahinter. In die Zeit, in der wir heute Weihnachten feiern, fielen früher die römischen Saturnalien, ein Fest, das auch Anlaß war, Beamte und Sklaven mit Geschenken zu bedenken. Diese Gepflogenheit übernahmen auch die Germanen, indem sie ihre Mägde und Knechte beschenkten.

Puppen

Puppen gehören zu den ältesten Spielsachen. Als menschliche Ebenbilder haben sie in fast allen Kulturen zu allen Zeiten die Menschen begleitet. Sie sind Gefährten, Freunde, Tröster, Zuhörer. Schier unerschöpflich ist das Repertoire ihres Könnens. Kein Wunder, sind sie doch dem Menschen sehr ähnlich. Puppen sind da zum Liebhaben. Sie erinnern an unsere Kindheit und wirken deshalb stets etwas nostalgisch – wie Großmutters

Nesthäkchen eben. Am Weihnachtsbaum sind sie alte glücks-
bringende Maskottchen.

Marionetten, die beweg-
lichen Fadenpüppchen, zeugen
von der uralten Kunst des Bewegungs-
spiels. Sie sind wie Mittler vom Fiktiven zum
Realen. Wirklicher als andere Puppen. Sie symbolisieren, was sie darstellen – Engel, Teufel,
Prinzessin, Kaspar, Harlekin usw. Darüber hinaus versinnbildlichen sie grenzenlose Phantasie.

FISCHE

Mit Fug und Recht könnte man sich fragen, was
sie überhaupt am Baum wollen, schließlich ist
Luft nun mal nicht ihr Element. Aber Fische sind
aus vielerlei Gründen als Weihnachtsbaumzier so
beliebt. Sie sind alte Symbole für Wasser, Leben
und Fruchtbarkeit. Sie erinnern auch an die biblische Geschichte von der wunderbaren Fischver-

mehrung: Christus speiste einst mit
wenigen Fischen ganze Volksssscha-
ren. Fische sind eine wohlschmek-
kende weihnachtliche Fastenspeise.
Fischeier verheißen Reichtum und Po-
tenz, die Schuppen einen vollen Geldbeutel.

NIKOLAUS

Seit vielen Kindergenerationen spielt der Nikolaus in der Weihnachtszeit eine wichtige Rolle als
lobende und strafende Figur. Sein Image: ein
gerechter Wohltäter. Die Figur geht wahrscheinlich auf Nikolaus von Myra zurück, der in der
1. Hälfte des 4. Jahrhunderts als Bischof in Griechenland lebte. Die Verehrung des Heiligen, dessen Fest am 6. Dezember gefeiert wird, erreichte

*Gläserne Nikoläuse, von einem Adventskranz
baumelnd.*

im späten Mittelalter ihren Höhepunkt. Er gehört zu den 14 Nothelfern, ist Schutzherr der Gefangenen, Bäcker, Apotheker, Schiffer, Kaufleute, Juristen und vor allem: der Kinder. Der Legende nach errettete er Gefangene und verschenkte Gold. Außerdem schützte er Schiffer in Seenot.

Aus dem Nikolaus wurden in der Volkstradition auch kindliche Schreckgestalten wie Knecht Ruprecht, Krampus usw. Dieser Volksfigur sind eindeutig dämonische, manchmal sogar teuflische Züge eigen. Nach altem Aberglauben kann man schließlich nur mit Bösem auch Böses abwehren. In dieser Figur spuken also noch exorzistische Bräuche.

Nicht so im braven Weihnachtsmann, dem vor allem in englischsprachigen Ländern heißgeliebten Geschenkebringer, der in der Nacht zum Weihnachtstag durch den Kamin in die Stuben fährt und Strümpfe wie Stiefel mit Geschenken füllt. Die Legende dichtet ihm übrigens vielerlei Wohnorte an. Am weitesten verbreitet ist die Geschichte, daß er, aus seiner Heimat Grönland kommend, mit seinem Rentierschlitten die weihnachtliche Bescherung in aller Welt vornimmt.

VÖGEL

Naheliegend, daß sich am Baum so gern hübsche Vögel niederlassen: Sie tun's ja auch in der Natur. Der Symbolgehalt ist sehr unterschiedlich. Es kommt ganz darauf an, um welche gefiederte Art es sich handelt: Störche sind Frühlingsboten, Glücks- und Kinderbringer. Käfigvögel symbolisieren Häuslichkeit. Tauben sind Friedensvögel und stehen für Vergeistigung. Eulen gelten als alte Zaubertiere und Symbole für Wissen und Weisheit. Radschlagenden Pfauen sagt man alle erdenklichen wunderbaren Zauberkräfte nach, ihr schillerndes Gefieder erinnert an die Pracht des Nachthimmels. Von Vogelnestern

nahm man früher an, daß sie Bäume und Häuser vor Blitzschlag bewahren. Man mißt ihnen also eine gewisse Schutzfunktion bei. Außerdem symbolisieren sie häusliches Glück und Geborgenheit.

TANNENZAPFEN

Da an den wenigsten Weihnachtsbäumen natürliche Tannenzapfen hängen, greift man gern zu künstlichen. Ähnlich wie Nüsse sind sie Fruchtbarkeitszeichen. Gleichzeitig gelten sie als Zeichen für Jungfräulichkeit und stehen damit auch für die Jungfrau Maria. Manchmal sehen die Zapfen aber eher wie Eiszapfen aus und symbolisieren den Winter.

GLÜCKSBRINGER

Glückssymbole sind überaus beliebte Objekte für den Baumbehang. Besonders nette Kerle sind die kleinen Kaminkehrer. Die Kamine wurden früher immer gegen Ende des Jahres, um die Weihnachtszeit, gereinigt; die rußigen Gesellen brachten meistens auch neue Kalender ins Haus und wünschten den Menschen dabei gleichzeitig ein Gutes Neues Jahr. Das machte sie vermutlich im Laufe der Zeit zu Glücksgestalten.

Den Marienkäfern sagte man schon immer eine himmlische Herkunft nach, das verrät auch ihr anderer Name: Herrgottskäfer. Sie bringen nach altem Glauben frohe Botschaften vom Himmel.

Würfel sind etwas zwiespältig. Sie symbolisieren zwar ebenfalls Glück, können aber auch vor dem Versuch warnen, spielend das Glück zu erzwingen.

Wer Geldbeutel an den Baum hängt, hofft natürlich auf finanziellen Segen.

Kleine Fliegenpilze sind Fruchtbarkeitssymbole, obwohl sie ja eigentlich zu den Giftpilzen zählen. Das liegt vermutlich an ihrer auffallenden Farbe. Ein alter Spruch sagt ja auch: Wer an Heiligabend Pilze (natürlich keine Fliegenpilze!) ißt, dem stehen die Kleider gut.

Sehr beliebte Figuren für den Baumbehang sind Clowns. In gewisser Weise sind sie natürlich auch Glücksbringer: Sie versprechen Fröhlichkeit und Humor.

HERZEN

Eine herzlich klare, einfache Interpretation: Herzen am Baum sind eine Liebeserklärung an den Betrachter. Herzen symbolisieren Liebe, Lust, Freude und Lebenskraft.

TROMPETEN

Aus den Posaunen, den himmlischen Instrumenten der Engel, wurden die Trompeten für den Weihnachtsbaum. Ihr Symbolgehalt ist aber noch ein anderer. Da in früheren Tagen die Nachrichten auf den Marktplätzen verlesen wurden, nachdem die Boten die Menschen mit Trompetensignalen gerufen hatten, signalisieren sie auch gute Nachrichten, die man nun mal gern »hinausposaunt«. Trompeten erinnern aber auch an den alten Brauch, mit dem Getöse der Blechtüten böse Geister wie etwa den Winter auszutreiben. Mancherorts sind sie deshalb Symbole für den Frühling.

SONNE, MOND UND STERNE

Kein Wunder, daß die Gestirne zu den beliebtesten Motiven am Baum zählen: Sie sehen reizend aus und wirken ungemein

schicksalsträchtig. Die Sonne am Baum kann ihre Herkunft auf alte Sonnenkulte zurückführen und symbolisiert zu Weihnachten Sonnenwende und Neuanfang. Der Mond wurde von unseren Vorfahren als Herr des Wachsens und Vergehens angesehen. Man betrachtete ihn auch als den weihnachtlichen Wettermacher. Damit war er von eminenter Bedeutung. Schließlich ergeben sich aus den Wetterverhältnissen vor allem in den zwölf Tagen zwischen Weihnachten und Dreikönige jede Menge Regeln für das Wetter im folgenden Jahr und damit natürlich für den Erntesegen.

Sterne versinnbildlichen den ganzen sagenhaften Wissensschatz der Astrologie. Sie prangen am Baum als Symbolbilder für die Hoffnung auf einen guten Verlauf unseres Schicksals. Strohsterne verbinden die Sternsymbolik mit der biblischen Geburtsgeschichte und erinnern daran, daß das Christkind auf Stroh in der Krippe lag. Der Stern auf der Spitze des Baums läßt an das »Sternenwunder« von Bethlehem denken.

BÄREN, FRÖSCHE, KATZEN...

Unmöglich, all die vielen Tierarten aufzuzählen, die in aller Herren Länder am Christbaum hängen. Sie fänden in keinem Zoo der Welt Platz. Hier nur die verbreitetsten animalischen Baumgeschöpfe:

Bären symbolisieren Kraft und Geborgenheit, aber auch Verwandlung: Wer sich früher in ein Bärenfell hüllte, fühlte sich »bärenstark« genug, um böse Dämonen zu vertreiben.

Elefanten versinnbildlichen Treue.

Frösche (Wetterfrösche!) sind alte Orakeltiere, denen man nachsagte, daß sie die Zukunft vorhersagen könnten.

Das Märchen vom gestiefelten Kater verrät, daß Katzen gern mit Erotik in Zusammenhang gebracht werden.

Puppengesellschaft im Biedermeierstil.

FRÜCHTE UND BLUMEN

Die ältesten Baumbehangformen stellen Früchte dar. Baum und Frucht – diese Beziehung drängt sich förmlich auf. Was sonst spricht so klar und selbstverständlich für Gaben, Reichtum, Natur, Fruchtbarkeit, Ernte. Darüber hinaus sind Früchte auch die ältesten Gottesopfer, die höhere Wesen milde stimmen und Glück verheißen. Sie haben immer auch einen modischen Touch, gelten sie doch als reizvolle modische Accessoires beispielsweise auf Hüten. Früchtekörbe danken Gott für reiche Ernte. Blumen symbolisieren Frühling, und Schönheit. Rosen, die häufigsten Blumen am Baum, sprechen von Liebe und Sommer. Lilien, wunderschön am Weihnachtsbaum, sind weiße Blumen der Reinheit.

Ein ganz besonderes florales Weihnachtsthema sind Christrosen, auch Schneerosen genannt. Sie gelten seit Jahrhunderten als die geheimnisvollsten weihnachtlichen Symbolpflanzen. In der Botanik sind sie »Frostkeimer«. Mitten im Winter, häufig schon im Dezember, öffnen sich zwischen Eis und Schnee die zarten weißen Blüten. Schon vor Jahrhunderten erinnerte die Pflanze die Menschen damit an »die Wurzel Jesse«, das Jesuskind, das mitten im Winter in die Welt gekommen ist. Keine Frage also, es mußte sich um eine Wunderblume handeln. In früheren Zeiten wurde die Christrose nahe ans Haus gepflanzt, um die Bewohner vor bösen Geistern zu schützen. Weihnachten diente sie als Orakel. Am 12. Dezember stellte man ein Dutzend Christrosenknospen ins Wasser. Heiligabend wurde dann nachgesehen, ob sich die Blüten geöffnet hatten. Wenn ja, verhieß das gutes Wetter fürs kommende Jahr. Wegen ihrer sternförmigen Blüte ist die Schneerose auch ein Sternsymbol.

ZWERGE, NIXEN, ELFEN

Eine reizende Gesellschaft – die Zwerge, Nixen und Nymphen, die Undinen und Gnomen, die in unserer Phantasiewelt gaukeln und den Weihnachtsbaum in ein Märchen verwandeln. Nymphen, Töchter des Zeus, bevölkerten in der griechischen Mythologie Bäume, Quellen, Meer und Berge – heilige Orte also. Wer heute, wie etwa an manchen Touristenzentren, Münzen in einen Brunnen wirft, opfert noch den geheimnisvollen Wesen, aus denen die Germanen die Nixen machten – diese verführerischen Frauen, halb Menschen, halb Fische. Die zipfelmützigen Zwerge führen schon in alten Legenden ein Dasein zwischen Moosen und Farnen. Man kennt ihre beliebteste Eigenschaft von den Heinzelmännchen: Es sind rührige, emsige Heimwerker. Ob im Garten oder auf dem Weihnachtsbaum – außer Märchenfiguren sind sie noch ein Symbol für häusliche Tüchtigkeit. Die Elfen entstammen der Vorstellungswelt des 19. Jahrhunderts. Sie tanzen des nachts auf Blumenwiesen und nähren Träume von wunderschönen Frühlingsnächten.

ENGEL

Eine himmlische Art am Weihnachtsbaum

In früheren Zeiten wußten die Menschen nur zu gut, wie enorm wichtig und nützlich Engel sind. Ohne die himmlischen Dienstleister, das war den Erdbewohnern klar, lief fast nichts in der Welt. Engel reparierten das Universum und hielten die Himmelsrichtungen fest. Sie übernahmen Botenflüge jeder Art im Auftrag allerhöchster Stelle. Wenn sie nicht, auf Wolken sitzend, Hosianna jauchzten und ihre Harfen zupften, dann halfen sie Kindern über wacklige Holzbrücken. Und weil sie zwischendurch auch ihren Spaß haben wollten, piesackten sie ihren alten Erzfeind, den gefallenen Engel Luzifer, immer mal wieder mit glühenden Pfeilen.

Irgendwann ist's dann leider passiert. Die Menschen bauten Betonbrücken und schickten Raketen in den Himmel. Prompt entschwanden die Engel aus dem Universum und landeten als Klebebildchen in Poesiealben.

Die Annahme, sie seien entbehrlich, entpuppte sich freilich schon nach einigen Jahren als Trugschluß. Die Engel fehlten uns einfach an allen Ecken und Enden. Und so haben wir sie denn vor einigen Jahren wieder zu uns zurückgeholt.

Alljährlich an Weihnachten ist nun eine wunderbare Vermehrung von Engelserscheinungen festzustellen. Überall goldene Botticelli-Putten. Überall auch die zwei herzigen Bürschchen mit den Spatzenflügeln von Raffaels »Sixtinischer Madonna«. Vor allem an den Wannerschen Weihnachtsbäumen lassen sich ganze Heerscharen nieder. Goldene und silberne Flügelwesen bevölkern die zauberhaften Bäume, manche ähneln Feen, andere wirken ernst und mächtig. Oft thront ein Engel an der Spitze des Christbaums.

Engel verkünden nach der Bibel die Geburt des Heilands. Große, eindrucksvolle Gestalten sind das, zum Fürchten eindrucksvoll. Um die Hirten auf dem Felde nicht zu ängstigen, schicken sie ihrer Botschaft sogar ein beruhigendes »Fürchte dich nicht ...« voraus. Die Spur der Engel zieht sich durch die Bibel vom 1. Buch Mose bis zur Offenbarung des Johannes. Sie sind präsent bei der Geburt Jesu, bei Auferstehung und Himmelfahrt.

Fast alle Religionen dieser Welt kennen Engel, die meist eine klar charakterisierte Rolle zwischen göttlicher und menschlicher Sphäre spielen. Nach islamischer Lehre lernte Mohammed das Beten, indem er Engel nachahmte. In vielen Ländern Asiens ist bis heute der Glaube an die götterähnlichen Gestalten lebendig, die Menschen Schutz und Gutes bringen. Ohnehin hat sich die Engelsschar in der Volksfrömmigkeit längst von kirchlichen Dogmen gelöst. Die größte Sympathie genießt heute der Schutzengel, der in der Bibel eher selten erwähnt wird. Er ist Teil unserer Alltagserfahrungen, unserer Schutzinstinkte und aus der Sehnsucht entstanden, in einer zunehmend unsicheren Welt geleitet und behütet zu werden.

Als ein holländischer Arzt für ein Buch einmal einige Menschen fragte: »Sind Sie schon mal einem Engel begegnet?« verfielen 85 Personen in tiefes Nachsinnen, 45 fingen an zu lachen, 37 verschlug es die Sprache, 19 reagierten verärgert, und neun erklärten, daß sie mit einem verheiratet sind. Aber 31 gaben an, persönlich schon einem Engel begegnet zu sein, und 61 berichteten von Grenzerlebnissen, bei denen ein Engel »vielleicht im Spiel war«.

Das Mekka der Engelsmystiker befindet sich an der schottischen Küste in Findhorn. An diesem Ort sollen immer wieder Engel gesichtet werden. Selbst Prinz Charles hoffte dort schon auf eine eng-

lische Erscheinung – ob mit oder ohne Erfolg ist unbekannt. Psychologen meinen, daß Menschen, die Engel bei sich wähnen, sicherer und glücklicher leben. Eine amerikanische Therapeutin rät allen, die ein Problem plagt, kurz vor Weihnachten so zu verfahren:

Schreiben Sie einen Brief an Ihren guten Engel, und bitten Sie ihn darin, Ihr Hilfsanliegen an kompetenter Stelle bearbeiten zu lassen. Den Brief vergraben oder versenken. Etwas warten. Dann geht die Sache in Ordnung.

Von unten betrachtet: ein Kronleuchter, um den Weihnachtsengel tanzen.

151

FARBE IST ALLES

DIE BUNTE SCHÖNHEIT
DES WEIHNACHTSBAUMS

... so wie der Ton der Musik farbigen Glanz verleiht,
so verleiht die Farbe einer Form den seelisch erfüllten Klang.
Johann Wolfgang von Goethe

Nichts, aber auch gar nichts existiert ohne sie. Nicht die Natur, nicht die Mode, nicht der Weihnachtsbaum. Überall ist Farbe. Sie dringt durch die Augen ins Gemüt, wirkt sympathisch oder unsympathisch. Sie zieht an und stößt ab. Manchmal sehen wir »rot« und ärgern uns »schwarz«. Der Kollege, der »blau« macht, ist uns nicht »grün«.

Nicht zufällig greift die Sprache zur Farbskala, um unsere Gefühlswerte und Temperamente zu beschreiben. Der Einfluß der Farben auf unser Leben, auf Körper und Geist, ist beträchtlich.

Wie ein Weihnachtsbaum auf uns wirkt, ob eher kühl und distanziert oder warm und nah, hängt ganz von den Farben des Baumschmucks ab. Dabei ist die Farbstimmung für die Wirkung des Baums viel wichtiger als die Form der Objekte. Eine einfache Sache? Bestimmt nicht! Denn in diesem Dekorationsfall gelten die allgemein anerkannten Gesetze der Farbgestaltung nur bedingt. Auch farbsensible Zeitgenossen verschätzen sich da bisweilen sehr. Manche attraktive Farbe will einfach nicht zum Festgewand des Baums passen. Andererseits können sonst eher befremdliche Farbnuancen gerade – vielleicht sogar ausschließlich – am Baum eigentümliche Reize entwickeln. Schon das Grün des Gewächses ist ja keine neutrale Farbe und will in die Farbwahl einbezogen werden. Zu berücksichtigen sind auch die Lichtverhältnisse. Bei Tageslicht soll der Baum ja auch prächtig aussehen und nicht nur bei Kerzenschein.

Vor allem aber geht es uns um den farblichen Stimmungszauber. Das Problem dabei: Farben wirken nicht auf alle Menschen gleich. Jeder hat seine persönlichen Vorlieben und Abneigungen. Damit's noch schwieriger wird: Auch wenn jemand die Farbe Rot an seinem Auto toll findet, kann er sie als Kleiderfarbe verschmähen

und am Weihnachtsbaum vielleicht als unfestlich empfinden.

Selbst erfahrenen Gestaltern fällt es sehr schwer, ein farbliches Regelwerk für weihnachtliche Dekorationen aufzustellen und zu empfehlen, denn auch Fachleute gehen mit Farben oft sehr intuitiv um. Traditionelle, symbolische und psychologische Aspekte spielen da zusammen. So trist Schwarz beispielsweise als Wohnfarbe wirken kann, am Weihnachtsbaum machen sich schwarze Kugeln mitunter edel und geheimnisvoll. Was in der Mode manchmal etwas trübsinnig scheint, übt am Baum einen besonderen Zauber aus. Und weil wir gerade von Farbtristesse reden: Unseren Hang zur farblichen Langeweile können wir Johann Wolfgang von Goethe in die Schuhe schieben, der in seiner Farblehre befand, daß die Mode nie Farben kombinieren dürfe, die im Farbenkreis nebeneinander liegen – etwa Grün und Blau. Bedauerlicherweise begründete der Dichter damit Trends, die sich hartnäckig halten. Goethes absurde Abneigung gegen die Kombination von Grün- und Blautöne brachte es auch fertig, daß am Christbaum Blautöne über Generationen fast tabu waren.

Ausgerechnet Blau scheint aber – nach Umfragen – die Lieblingsfarbe der Deutschen zu sein. Sie wird mit Treue und Sympathie assoziiert. Blau geschmückte Weihnachtsbäume sind auch heute in Deutschland selten. Schade, denn das leuchtende Ultramarinblau, einst die kostbarste aller Malfarben, ist eine ausgesprochen »heilige« Farbe, die früher vor allem für verehrungswürdige Darstellungen verwendet wurde. Alte Meister beispielsweise malten Madonnen gern in strahlend blauen Mänteln – Blau war die Marienfarbe, edel und luxuriös. Johann Wanner verwendet heute für seine Bäume sehr oft Blautöne, vor allem in Verbindung mit edlen Textilien und

anderen glamourösen Farben. Blaue Seidenschleifen zu Silberbäumen steigern beispielsweise die Wirkung des vornehmen Silbers und verleihen Silberbäumen einen lebhaften Akzent. Versteht sich von selbst, daß auch blaue Kugeln – etwa in Kombination zu goldenen – Extravaganz verbreiten.

Gelb wirkt normalerweise fröhlich und sonnig – am Baum ist die Farbe aber deplaziert, es sei denn, der Gelbton tendiert zu Gold. Aber warum ist Gelb so problematisch? Gelb spricht zwar für Dynamik, wird aber auch immer mit Neid, Eifersucht und Verlogenheit verbunden. Überdies wirkt Gelb leicht fahl und krank. Andere Sitten, anderes Farbempfinden: Im Reich der Mitte, in China, sieht man Gelb als heilige Farbe an.

In gläserne Bonbonnieren gefüllt, sind Christbaumkugeln das ganze Jahr eine glitzernde Augenweide.

Bäume dürfen nicht »schreien«, aber sie dürfen glühen. Sie sollten nicht hektisch wirken, sondern müssen Ruhe ausstrahlen. Die Baumfarbe Grün wirkt sanft und ruhig. Fast jeder assoziiert Grün mit Jugend, Gesundheit, Hoffnung und Natur. Also versteht es sich fast von selbst, daß schon die meisten natürlich wirkenden Farben so gut auf den Baum passen: ein Apfelrot, ein Nußbraun, ein Himmelblau, ein Sonnengold.

Unmöglich wirken Farben, die der Mensch als giftig empfindet, beispielsweise ein giftiges Grün oder ein schimmelig gelbstichiges Graublau. Warum wir ein merkwürdiges Grün als giftig empfinden? Da wirken bis heute historische Ereignisse in unserem Empfinden. Grüne Malerfarbe wurde früher aus Grünspan hergestellt, der mit Arsen verdünnt war. Mysteriöse Todesfälle wurden deshalb dieser Wandfarbe angelastet. Außerdem läßt ein scharfes Grün das Naturgrün des Baums grau aussehen. Grundsätzlich unterstreichen alle reinen, klaren Farben die grüne Natur des Baums. Rot wie das Blut, Blau wie das Meer – dieser Farbakkord wirkt schön und angenehm. Sanfte Töne, etwa ein weiches Rosé, wirken besänftigend und lassen den Baum zart und schutzbedürftig wirken. Der Grund: rosa ist auch die nackte Haut der Babys.

Wenn Menschen im Wannerschen Weihnachtshaus Weihnachtskugeln für ihren Baum auswählen, greifen sie oft intuitiv zu Farben, die sehr gut zu ihrem Typ passen, zu Haut, Haaren, Augen und Temperament. Es wächst aber auch der Glaube an die psychologische und symbolische Macht der Farben. Je nachdem versinnbildlichen sie Harmonie, Kontrast, Überraschung, Kraft, Liebe und Leben. Farbkonstellationen am Baum stehen immer zueinander in Beziehung, feuern sich an, konkurrieren, heben sich auf. Immer vermischen sie sich zu einem einzigen wirksamen Eindruck.

Grün- und Blautöne beruhigen.

Rote Farben animieren und stimulieren. Manche Farben sind leicht, andere schwer. Der Eindruck kann herb oder süß sein, aggressiv oder sanft, weit oder eng. Farbpsychologie ist sozusagen ein weites Feld und zudem eine Wissenschaft, die nicht ohne Widersprüche ist. Die Empfindungen, die uns der Weihnachtsbaum in den Tagen vermittelt, da er im Mittelpunkt der festlichen Rituale steht, scheinen von Mensch zu Mensch unterschiedlich. Und von Generation zu Generation. Früher dachten die Menschen bei Gold an Sonne und bei Silber an den Mond, heute stellen sich eher Assoziationen zu den Edelmetallen ein. Jede Generation brachte andere farbliche Vorlieben in die Lebenskultur – und auch an den Weihnachtsbaum. Immer reflektierten die Farben soziale und kulturelle Umstände. Stets wurden Goldbäume in höheren Schichten als standesgemäß empfunden. Nur modische Menschen trauen sich an modische Farben; wer auf Tradition hält, greift zu klaren Farben. Junge Leute experimentieren lieber mit Farben.

Folgende Finessen aus der Wannerschen Farbenküche können sicher all jenen, die mit der Farbwirkung ihres Weihnachtsbaums bisher nicht so ganz zufrieden waren, zu neuen Farberlebnissen verhelfen. Bei Wanners Farbphilosophie vermischen sich historische Überlieferungen und jahrelange Erfahrungen mit dem Mut zu modischen Farbtrends.

DER BUNTE BAUM

Damit auch ein bunter Baum harmonisch und angenehm auf uns wirkt, sollte die warme Farbe Rot dominieren. Am besten also die Schmuckstücke vorsortieren und alle roten Objekte oder jene, an denen die Farbe Rot vorherrscht, zuerst schön gleichmäßig am Baum verteilen. Die Faustregel lautet: Mindestens 20 Prozent der Farbwirkung am bunten Baum sollte durch Rot-

töne erzielt werden. Dann die anderen kunterbunten Stücke dazwischenhängen. Vorsicht mit gelben Objekten – die wirken hier oft unangenehm schrill. Zum bunten Baum passen am besten rote Kerzen und rote Schleifen.

HÖCHSTENS DREI FARBEN

Außer am bunten Baum sollten an Weihnachtsbäumen grundsätzlich nicht mehr als drei Farben kombiniert werden, zwei sehen meistens am schönsten aus. Dabei sollte man – von wenigen Ausnahmen wie beispielsweise Rot-Grün abgesehen – besser nicht mit Farbkontrasten, sondern mit Hell-Dunkelwerten spielen. Grundsätzlich gilt: Ein Farbton sollte immer dominieren. Bei zwei Farben sollte die vorherrschende Farbe etwa 65 Prozent ausmachen. Wählt man drei Farben, sind jeweils Anteile von 55 Prozent, 30 Prozent und 15 Prozent empfehlenswert.

UMGEBUNG EINBEZIEHEN

Die Farben des Raums sind wichtig für die Wirkung der Weihnachtsdekoration. Zu einer beigen Tapete und einem in Brauntönen gehaltenen Raum passen beispielsweise Gold- und Braunnuancen hervorragend. Alle anderen Farbstimmungen sind in diesem Fall etwas riskant.

Eine gelbstichige Kugelfarbe würde die beige Tapete schmutzig wirken lassen. Nie dürfen die Farben des Baumschmucks gegen die Raumfarben kontrastieren oder konkurrieren. Immer passend sind Ton-in-Ton-Kompositionen, etwa Honig- und Rosatöne.

NUR EIN FARBTON

Die meisten Bäume mit nur einem Farbton sind wunderschön. Dabei können die Objekte sehr unterschiedlich groß und verschieden geformt sein. Schmückt man unifarbene Bäume nur mit Glaskugeln, sollten zwischen den glänzenden auch einige matte Kugeln hängen.

WÄRME VERMITTELN

Man kann garantiert nie falsch liegen, wenn man sich bei der Farbwahl grundsätzlich auf das Farbspektrum der warmen Farben konzentriert. Der Grund ist klar: Mitten im Winter suchen wir Wärme und Geborgenheit. Alle warmen Farben liegen im Bereich Beige, Orange, Rot, Braun.

Keine Angst vor schwarzen Christbaumkugeln! Sie wirken am Baum geheimnisvoll. Sie entwickeln eine magische Ausstrahlung, weil sie als schwarzer Spiegel die Kerzen reflektieren.

DIE HITLISTE

Johann Wanners ganz persönliche Hitliste der schönen Farbklänge beim Baumschmuck reicht von eins bis sieben. Und das sind seine Favoriten: 1. Rot mit Rosa gemischt, damit sich ein feuriger Eindruck ergibt. 2. Rot und Grün gemischt (zwei Drittel Rot, ein Drittel Grün). 3. Silber. 4. Blautöne gemischt. 5. Rosatöne gemischt. 6. Grüntöne gemischt. 7. Schwarz in Kombination mit ganz unterschiedlichen Farben. Grundsätzlich: keine Angst vor Schwarz am Weihnachtsbaum! Wir nehmen die Farbe am Baum nicht als traurig, sondern als magisch und geheimnisvoll wahr, müssen aber immer auch andere Töne dazubringen.

MÄNNLICH, WEIBLICH

Auch am Weihnachtsbaum entstehen Farbwirkungen, die man durchaus den Geschlechtern zuordnen kann. Männliche Farben finden sich in der Skala Braun, Schwarz, Gold. Weiblich wirken Himbeerrot, Rosa und Hellblau. Männliche sowie weibliche Farben können – natürlich separat – miteinander vermischt werden. Sie wirken immer wunderbar harmonisch. Wenn man dagegen männliche und weibliche Töne mixt, kann das Ergebnis irritierend wirken. Man stelle sich beispielsweise die Kombination Gold, Hellblau, Braun und Himbeer vor – nein, lieber nicht!

JAHRES- ZEITEN

Wunderbar wirken am Weihnachtsbaum Farbsinfonien, die einer einzigen Jahreszeit entsprechen. Frühling: Rosa, Hellgrün, Hellblau. Sommer: Goldgelb, Rot, Brombeer. Herbst: Ocker, Braun, Kupfer, Sattgelb. Winter: Silber, Weiß, alle Blautöne.

TEMPERATUREN UND TEMPERAMENTE

Wenn man eine Farbregel beherrscht, kann man eigentlich schon mal nicht extrem falsch liegen: Diese Regel heißt: Hände weg von sehr schrillen komplementären Farbmischungen! Sie werten den Weihnachtsbaum ab, wirken billig und – ja, leider – ordinär.

Das will heißen: Bringe nie so kontrastierende Farben zusammen wie etwa Blau und Gelb, Lila und Orange; Ausnahme: Rot-, Grün-, Blaumischungen. Kombiniere nahe zueinander gehörende Farbtemperaturen: im kalten Bereich etwa Blau und Grün. Oder die warmen Nuancen Rot und Rosa. Sehr nobel wirkt auch ein Cocktail der neutralen Farbwerte Schwarz, Weiß, Grau.

MODEFARBEN

Fast jedes Jahr kreiert Johann Wanner neue modische Farbsinfonien für Weihnachtsbäume. Sie orientieren sich immer an den aktuellen Trends, an Ereignissen und Stimmungen. Fast alle sogenannten »Modefarben« kann man mit traditionellen Objekten mischen und mit schwarzen Kugeln. Man sollte jedoch vorsichtig sein bei der Kombination von avantgardistischen und traditionellen Farben.

NATURTYP ODER EVERGREEN?

EINE KLEINE BAUMSCHULE

Der Mensch schätzt die Natur.
Aber nicht in ihrem Naturzustand.
Werner Mitsch

VON DRAUSS' VOM WALDE?

Naturbaum oder künstlicher Christbaum? Millionen wüßten, würden sie so gefragt, darauf bloß eine einzige entrüstete Antwort: »Für mich kommt selbstverständlich nur ein Naturbaum in Frage!« Der ehrliche Freilandtyp grünt schließlich nicht nur für Stil und Tradition. Der Käufer betrachtet ihn als Repräsentanten seiner eigenen ethischen Werte. Es scheint, als sei dem Naturbaum eine hohe moralische Qualität eigen, die seinem synthetischen Bruder abgeht. Und doch finden immer mehr Leute gute Gründe für die alternative Überlegung: Warum eigentlich kein Kunstbaum? Zugunsten des Fabrikprodukts sprechen dann rein zweckmäßige, durchaus vernünftige Argumente.

Künstliche Weihnachtsbäume haben's nämlich gut. Ihre Karriere endet nicht, wie die ihrer echten Geschwister, zwei Wochen nach dem Galaauftritt jäh auf dem Abfallhaufen oder im prasselnden Feuer. So ein Evergreen steht vielmehr alle Jahre wieder in alter Pracht auf der Festbühne. Er ist eigentlich unverwüstlich – und er nadelt nicht. Was vielen Käufern am wichtigsten ist: Da er aus schwer entflammbarem Material besteht, ist eine Brandgefahr fast ausgeschlossen. Zumindest der etwas teurere Farbriktyp sieht seinem natürlichen Vorbild obendrein zum Verwechseln ähnlich. Für Deko-Künstler Johann Wanner rangiert selbstverständlich eine Eigenschaft vor allen anderen: haltbare Ästhetik.

Die Verkaufsstatistiken belegen: Künstliche Christbäume liegen im Trend, in den USA haben sie die grünen Originale sogar überflügelt. Jedes Jahr in der Vorweihnachtszeit kaufen etwa 35 Millionen Amerikaner natürliche Bäume; fast 39 Millionen schmücken Kunstbäume.

Den Europäern ist mehr am Vitalen, Ehrlichen und Authentischen gelegen. Amerikaner denken dagegen praktischer. Wie Untersuchungen zeigen, hegen sie zudem größere Skrupel, einen Baum »nur für Weihnachten« zu fällen.

In aller Welt spielen beim Baumkauf Umweltargumente eine immer wichtigere Rolle, und im Vergleich mit dem Naturbaum schneidet die Konserve – anders als die Fans von Naturbäumen immer annehmen – gar nicht mal so schlecht ab. Die Kunstbaum-Produzenten werben mit folgenden Argumenten: Jährlich werden zum Beispiel in Deutschland 21 Millionen natürliche Weihnachtsbäume gekauft, die auf 15 000 Hektar gerodeten Waldflächen wachsen, Monokulturen, auf denen Düngemittel und Schädlingsbekämpfungsmittel eingesetzt werden. Die Herstellung von Kunststoffbäumen verläuft kontrolliert und unter strengen Auflagen. Einen Kunstbaum kauft man in der Regel nur einmal im Leben. Man fährt also nicht jedes Jahr im Dezember wieder etliche Kilometer mit dem Auto und belastet die Umwelt, um sich eine kurzlebige Konifere zu besorgen. Jahr um Jahr legen Unmengen natürlicher Bäume, vor allem Nordmanntannen aus Skandinavien, viele hundert Kilometer lange Wege bis zum Verkaufsort zurück. Künstliche Bäume werden heute von den Herstellern auf Wunsch zurückgenommen und gratis recycelt. Wenn Plantagenbäume nach Weihnachten durch Kompostierung in den natürlichen Kreislauf zurückgelangen, können sich Probleme mit der Umweltbelastung ergeben. Kunstbäume gibt es heute in allerlei Größen und Formen, mit und ohne Kunstschnee, grazil oder ausladend und in verschiedenen farblichen Nuancen.

Gleichwohl gilt ohne alle Einschränkung: Das ganze Faszinosum eines Baums vermittelt nur die Natur.

Kein immergrünes Lebewesen ist wie das andere. Nur der Naturbaum reifte in Jahren vom Setzling zum Baum. Nur er besitzt die Würde eines Lebewesens. Letztlich muß also jeder Baumkäufer selbst entscheiden, welche Argumente ihm am wichtigsten sind.

Verbraucherzentralen raten allen, die sich umweltbewußt verhalten wollen, einheimischen Koniferen vor Importen den Vorzug zu geben. Naturschützer plädieren für Christbäume aus Durchforstungsarbeiten. Das sind natürlich im Wald wachsende Koniferen, die ohnehin gefällt werden müssen. Entweder man kauft sie auf speziellen Märkten, oder man schlägt sie selbst, nachdem man sich bei einer Forstbehörde die entsprechende Genehmigung besorgt und ein Waldareal zugeteilt bekommen hat. Oder man fragt einfach einen Bauern, der ein Waldstück besitzt. Wer einen Garten hat, kann seinen Weihnachtsbaum selbst ziehen und ihn samt Ballen in einem Kübel in die Wohnung holen. Nach Weihnachten kehrt die Pflanze dann an ihren angestammten Gartenplatz zurück.

EINE KLEINE BAUMSCHULE

Nur jeder zehnte Weihnachtsbaum, der in Europa zum Weihnachtsfest erstrahlt, ist auch wirklich ein Tannenbaum. Eigentlich müßte das Traditionslied vom »O Tannenbaum« schon längst »O Fichtenbaum« lauten, denn 90 Prozent der Weihnachtsbäume sind Fichten.

Christbaumzuchten gibt es überall in Europa, die größten Kulturen befinden sich in Skandinavien. Viele große Tannen für Plätze und Märkte stammen aus dem Schwarzwald.

Eigentlich verhält es sich mit unseren Nadelbäumen höchst kompliziert, zumindest mit ihren Namen. Wetten, daß viele, die fest davon überzeugt waren, eine Tanne gekauft zu haben, tatsächlich eine Fichte heimschleppten? Manch sogenannte Tanne ist nämlich wirklich eine Fichte oder umgekehrt. Als ob das nicht schon verwirrend genug wäre: Botanisch betrachtet gehören Fichten und Tannen auch noch zur Gattung der Kieferngewächse. Von Tannen wie von Fichten gibt es in Europa jeweils etwa 40 Arten.

Man erkennt Fichten an ihren spiralig um den Zweig gestellten, relativ harten Nadeln. Wenn man eine Nadel herausreißt, sieht man ein kleines, helles Fähnchen daran hängen. Tannennadeln sind in der Regel etwas weicher, verstreut oder zweizeilig angeordnet und besitzen meist an der Unterseite weißliche Streifen. Keine Koniferenregel ohne Ausnahme: Auch die Nadelzweige der serbischen Fichte besitzen silbrige Unterseiten. Fichten sind grundsätzlich eher gerade geformt, Tannen eher pyramidenförmig. Tannenzapfen wachsen aufrecht stehend, Fichtenzapfen nach unten hängend. Weihnachtsbäume sind mit etwa 1,50 Metern Größe etwa acht und mit etwa 2 Metern ungefähr zehn Jahre alt.

Längst hat der Käufer die Qual der Wahl unter vielerlei Typen. Nachfolgend stellen wir Ihnen einige jener Gewächse vor, die sich am besten als Christbaum eignen:

Die *Rottanne* (PICEA ABIES) ist keine Tanne, sondern eine Fichte. Sie ist meistens relativ preiswert und nicht sehr üppig gewachsen. Ihr Nachteil: Die stumpf-grünen Nadeln beginnen schon meistens gleich nach den Feiertagen zu rieseln. Den Kauf dieses Baums sollte also nur erwägen, wer seinen Christbaum sofort nach Weihnachten abräumen will. Die Rottanne ist der wichtigste und häufigste aller europäischen Waldbäume. Sie wird bis zu 60 Meter hoch und bis zu 1000 Jahre alt. Ihr Stamm ist rötlich bis graubraun. Bei genauer Betrachtung sieht man, daß jede Nadel vierkantig und stachelig spitz ist. Rottannen liefern übrigens auch den Fichtennadelextrakt. Ihr Harz wird für Öle und Kolophonium verwendet.

Die *Weißtanne* (ABIES ALBA), auch Edeltanne und Silbertanne genannt, fällt durch ihr leuchtend helles Grün auf. Sie will gut gepflegt und gewässert werden, damit sie nicht schon früh nadelt. Diese Bäume werden bis zu 50 Meter

Naturbaum in einer Hotelhalle.

hoch und wachsen vor allem in den Gebirgen Süd- und Mitteleuropas. Die Nadeln sind flach, an der Spitze meist eingekerbt und stehen in zwei Zeilen an den kurzen Trieben. Die Weißtanne war früher ein ausgesprochen beliebter Weihnachtsbaum. Weil ihre Zweige in etwas größeren Abständen wachsen, wird sie nun nicht mehr so häufig gekauft.

Die *Douglasfichte* (PSEUDOTSUGA MENZIESII) oder *Douglasie* hält sich als Weihnachtsbaum ausgesprochen lange. Trockene Zimmerwärme schadet ihr weit weniger als anderen Nadelbäumen, weil sie sehr viel Feuchtigkeit speichert. Ihre Heimat ist Amerika. Längst wird sie aber auch in

Europa gezüchtet. Sie besitzt eine schöne kegelförmige Krone mit waagerechten, nicht sehr dicht wachsenden Ästen. Die Nadeln stehen zweizeilig und sind sehr weich und intensiv grün. Der meist etwas unregelmäßig wachsende Baum sollte mit großen Objekten dekoriert werden.

Die *Weymouthskiefer* (PINUS STROBUS), die aus Nordamerika stammt, ist sehr widerstandsfähig und ausgesprochen frosthart. Sie kann früh gekauft und lange draußen gelagert werden. Dieser blaugrüne Baum paßt vorzüglich in eine

rustikale Umgebung und wird am besten sehr natürlich aufgeputzt, etwa mit Äpfeln und Strohsternen. Die breit wachsende Konifere braucht allerdings viel Platz in der Wohnung. Sie findet nur selten ihre Liebhaber.

Die *Nordmanntanne* (ABIES NORDMANNIANA) ist ein hoher, wunderschöner, kräftig grüner Baum – der Weihnachtsklassiker schlechthin. Im Handel sind meistens Importe aus Skandinavien, obwohl das Gewächs ursprünglich aus dem Kaukasus stammt. Größter Nachteil: Die Tanne duftet kaum. Dieser Baum wird bis zu 30 Meter hoch, hat eine schwärzlich-graue Rinde und glänzende, dicht stehende Nadeln mit zwei weißlichen Streifen auf der Unterseite. Da die meisten Baumhändler sehr viele Nordmanntannen anbieten, sollte man in Ruhe nach einer gleichmäßig gewachsenen suchen.

Die *Japantanne* (ABIES HOMOLEPIS) ist ein echter Geheimtip: Ein herrlicher, noch nicht sehr oft angebotener Baum mit geradem Wuchs und freundlich hellgrünen Nadeln. Die Tanne ist preiswert und hält auch in warmen, trockenen Wohnungen ausgesprochen lange ihre frische Farbe. Besonders auffällig an der Asiatin, die auch in Europa bestens gedeiht: Ihre Nadeln wachsen sehr regelmäßig gerichtet in Reih und Glied. Ein Baum für traditionsbewußte Schmücker.

Die *Coloradotanne* (ABIES CONCOLOR) fällt durch einen Superlativ auf: Sie hat die schönste blaue Farbe aller Tannen. Da sie sehr kälteempfindlich ist, läßt sie sich hierzulande schwer ziehen. Das macht sich auch beim Preis bemerkbar. Ihre

Wunderschön in jedem Landhaus: Zapfenbaum und Zapfenkränze. Ihr Korpus besteht aus schlichten Holzgestellen, an denen die Zapfen befestigt werden.

größten Vorzüge sind ihre wunderschönen langen Nadeln und ihr herrlicher Duft. Oft trägt sie auch im Winter noch Naturzapfen. Ein edles Geschöpf, das glamourös dekoriert werden will.

Die *Blaufichte* oder *Stechfichte* (PICEA PUNGENS) wird oft auch als Blau- oder Edeltanne bezeichnet, denn ihre stachelig spitzen Nadeln haben einen blauen Farbton. Ihre größten Vorzüge als Weihnachtsbaum: Sie verströmt ein intensives, wohlriechendes Aroma und hält lange ihre Nadeln. Meistens ist sie zudem sehr schön gerade gewachsen und wirkt dadurch besonders edel. Ihre Heimat sind die amerikanischen Rocky Mountains. Maximale Höhe: 50 Meter. Auffallend: die gerade abstehenden Zweige. Jeder Behangstil ist denkbar.

Die *Drehkiefer* (PINUS CONTORTA) eignet sich besonders gut für rustikalen Schmuck. Weil sie dicht wächst, paßt zu ihr kein Lametta. Sie besitzt hellgrüne, glänzende Nadeln, hält sehr lange und duftet herrlich. Dieser Baum wirkt vor allem mit wenig Schmuck am attraktivsten.

Die *Mädchenkiefer* (PINUS PARVIFLORA GLAUCA) kommt ursprünglich aus Japan und eignet sich besonders für einen avantgardistischen, bizarren Dekorationsstil. Anders als andere Koniferen ist gerade der unregelmäßige Wuchs ihre aparteste Eigenheit. Sie wirkt immer ein wenig wie ein Riesen-Bonsai und trägt auch im Winter kleine, hübsche Naturzapfen. Die Mädchenkiefer zählt zu den sehr kurznadeligen, eher blauen und duftintensiven Koniferen. Besonders gut steht ihr goldener Schmuck. Ihr größter Nachteil: Sie gehört zu den teuren Luxusbäumen.

Die *Schlangenhautkiefer* (PINUS HELDREICHI LEUCODERMIS) gilt als edles, besonders elegantes Baumgeschöpf. Ihre langen, weichen Nadeln wachsen in hübsche

*Unter diesem sogenannten Traubenbaum verbirgt sich ein
stacheliger Strauch aus geschnittenen, pyramidenförmig angeordneten Holzzweigen.
Kugeln, Sterne und Schleifen werden einfach drangesteckt.*

Büschel aus. Da das Gewächs sehr modisch wirkt, will es auch modisch und extravagant geschmückt werden. Die großen Abstände zwischen den Zweigen füllt man am besten mit langgezogenen Objekten oder mit Lametta.

MACHEN SIE DIE NADELPROBE

Streichen Sie für den Kauf des Naturbaums einen Tag im Kalender an, der so zwischen dem 12. und 17. Dezember liegt. Nehmen Sie sich einige Stunden Zeit. So ein Kauf braucht Liebe und Sorgfalt und verträgt keine Hektik. Wenn Sie

nicht gleich beim ersten Anbieter fündig werden – lassen Sie sich bloß kein Bäumchen aufschwätzen! – na, vielleicht klappt's beim nächsten. Selbstverständlich lautet das Ziel: Wir wollen das schönste Exemplar heimtragen, das wir je hatten. Schon unsere Großeltern suchten ihren Baum stets sehr bedächtig und liebevoll aus und brachten sich damit auch schon in fröhliche, erwartungsvolle Weihnachtsstimmung.

Überlegen Sie, womit Sie in diesem Jahr schmücken wollen. Lametta? Dann sollten Sie einen Baum wählen, dessen Zweige in längeren Abständen voneinander wachsen. Auch die Nadelfarbe sollte bedacht werden. Rote Kugeln passen am besten zu leuchtend grünen Typen, goldene oder silberne wirken sehr schön zu blaugrünen. Wenn Sie mit Kindern schmücken wollen, sollten Sie darauf achten, daß die Nadeln nicht zu hart und spitz sind. Wenn so ein Zweig ins Auge geht, ist das nämlich kein Spaß. Eltern kleiner Kinder sollten daher lieber zu Tannen mit weicheren Nadeln greifen als zu der stacheligen Fichte.

Ob ein Bäumchen noch frisch ist oder schon zu trocken, zeigt Ihnen die Nadelprobe: Wenn Sie die elastischen Nadeln noch biegen können, ohne daß sie brechen, ist der Baum in Ordnung. Von Bäumen mit leicht knickbaren Nadeln ist abzuraten. Lassen Sie den Baum Ihrer Wahl schon beim Kauf zusammenbinden oder in ein Gitternetz stecken. So gebändigt, sollte er dann bis zum Schmücken im Garten oder am Balkon stehen. Ein Nadelbaum gibt selbst dann, wenn er gefällt ist, noch seinen Saft an die Nadeln weiter. Er trocknet nur dann sehr schnell aus, wenn er zu warm steht, etwa in einem geheizten Keller. Kommt er nach dem Schlagen zu rasch in Zimmerwärme, können sich seine Poren nicht schließen, und sofort beginnt der Trockenprozeß. Die Poren schließen sich erst nach einigen Lagertagen im Freien. Die Regel heißt also: Nie einen frisch geschlagenen Baum sofort schmücken. Er braucht mindestens eine Woche Ruhe in der kalten Außenluft. Taufrisch bleibt er, wenn Sie ihn in einen Eimer mit Wasser stellen, in das Sie einen Viertelliter Glyzerin gegossen haben. Falls Sie einen Garten besitzen und die Erde nicht gefroren ist, können Sie den Baum auch in feuchte Erde stecken.

Am schönsten ist's, schon aus dem Baumkauf ein kleines Fest zu machen. Servieren Sie danach daheim etwas Weihnachtliches, lassen Sie vielleicht Bratäpfel im Ofen schmoren.

TIP

Wer Weihnachten im fernen Ausland verbringen will, hat durchaus die Möglichkeit, ein Tannenbäumchen auf die Flugreise mitzunehmen. Die meisten Fluggesellschaften befördern Christbäume als Fracht, manche sogar kostenlos, sofern das Bäumchen nicht größer als einen Meter ist und in einem Netz verpackt gebracht wird. Informieren Sie sich rechtzeitig vor Reiseantritt bei Ihrem Reisebüro oder Ihrer Fluggesellschaft.

WIEVIELE NADELN HAT EIN CHRISTBAUM?

Der Leser einer Tageszeitung wollte einmal ganz genau wissen, wieviele Nadeln sein Christbaum besitzt. Er schrieb der Zeitung folgendes: »Meine exakt zwei Meter hohe, gewöhnliche Fichte ließ ich strohtrocken werden. Das war Ende Januar der Fall. Ich legte einen großen Packpapierbogen darunter und schüttelte alle Nadeln ab. Dann wog ich sie. Es waren insgesamt 796 Gramm. Nun wog ich ein einzelnes Gramm und zählte die Nadeln. Es waren 603.

So ergab die Gesamtzahl fast eine halbe Million, exakt 479 988 Stück.«
(Quelle: DIE WELT)

SCHÖNE TRENDS

DER WEIHNACHTSBAUM
DER ZUKUNFT

Über die Mode der Zukunft wurde zu jeder Zeit gerätselt.
Was tatsächlich Mode wird, ist jedoch in keinem Fall vorausberechenbar,
genausowenig wie das Leben, als dessen Teil Mode zu verstehen ist.
Irmgard Loschek in: »Mode im 20. Jahrhundert«

Wie es dem Weihnachtsbaum in Zukunft ergehen wird? Prächtig, selbstverständlich. Alles deutet darauf hin, daß er in den nächsten Jahren noch glamouröser auftritt. Häufiger als bisher trägt er dann auch draußen bunte Kugeln und Girlanden. In den Räumen steht er in einer zu ihm passend dekorierten Umgebung. Herrlich geschmückte Türen, Tische, Fenster, Simse und Kamine werden mit ihm und um ihn funkeln und leuchten. Stärker als bisher werden sich seine Besitzer mit den symbolischen Inhalten des Weihnachtsfests beschäftigen und ihn noch bewußter in ihre weihnachtliche Festfreude einbeziehen. Die Menschen wollen einen sprechenden Baum und werden mit raffinierter Gestaltungskraft ganz besondere Stimmungswerte erreichen wollen. Magie und Vergnügen – um beides wird's wohl in Zukunft ganz besonders gehen.

Schon jetzt offeriert der Markt Kerzenleuchter, Teller und Servietten zum Baumdesign passend. Und der Set-Gedanke wird garantiert noch mehr Freunde finden. Das heißt, der Handel wird Sets anbieten, die schon fertige, aufeinander abgestimmte Objekte kombinieren. Das ist freilich keine Angelegenheit für alle, denn die gestalterische Freiheit, insbesondere dieses Wider-die-industriellen-Standards-Schmücken bleibt ein Aspekt, der vor allem für junge Leute wichtig ist. Farblich dürften in der nächsten Zeit nicht mehr die Ton-in-Ton-Harmonien, sondern eher ausdrucksstarke polare Hell-Dunkel-Kontraste en vogue sein. Die sinnliche Botschaft der Farben erlebt ein Comeback. Der ganz moderne Baum leuchtet demnächst also in intensiven Farben mit wertvollem Schmuck. Den bekannten Glasschmuck werden alle erdenklichen Objekte unterstreichen und ergänzen, vor allem herrliche goldene Phantasiepflanzen, Blumen,

Palmblätter usw. Gern werden noch andere Zweige, künstliche Goldstücke oder getrocknete Natur zwischen die Zweige gesteckt. Lametta ist passé.

Die Wannerschen Christbäume orientieren sich auch künftig an zeitgemäßen Themen. Ein aktueller Trend, der demnächst bestimmt Furore machen wird: Wanner hat die Renaissance der russisch-orthodoxen Kirche aufgegriffen (s. auch S. 50) und die Welt der Ikonen und russisch barocken Zwiebeltürme auf den Baum gezaubert. Dazu wieder der Farbkontrast: Rot und Schwarz.

Sehr modische Weihnachtskugeln spielen mit Ornamenten und variieren sie. Dabei überraschen die Kugeln mit neuer Materialvielfalt. Edelste Kunststoffe und noble Lackobjekte ermöglichen vorher unbekannte optische Eindrücke am Baum. Einige wirken wie Porzellan: edel, künstlerisch, puristisch. Kleinfigurenplastiken werden das Engel-Motiv weiter variieren und andere klassische Skulpturen auf den Baum holen. Metall und Stoff am Baum dürften deutlich weniger gefragt sein als Glas und Lacke.

Junge Leute wollen Bäume mit Witz und Pfiff. Vermenschlichte Tierchen in allen möglichen, höchst phantasievollen Varianten und Gestalten werden sich am Baum tummeln. Weihnachtliche Fluchtübungen gehören ein für allemal der Vergangenheit an. Die einen werden unbekümmerte Parties feiern, die anderen weiter ihre familiäre Zurückgezogenheit pflegen. Erlaubt ist alles, bloß kein Gejammer: Man fühlt sich ja so verpflichtet ... oder auch »immer dieser Schenkzwang«. Statt dessen wird der Baum Mittelpunkt einer wunderbaren Inszenierung, die ein langes Rückerinnern ermöglicht.

Futuristischer, von den fünfziger Jahren inspirierter Baum mit weiß-roten Glaskugeln im Porzellan-Design.

Literatur

Bartos-Höppner, Barbara: Weihnachts-ABC.
Ein Lesebuch für die ganze Familie. Bayreuth, 1982.

Boehn, Max von: Die Mode. Eine Kulturgeschichte
vom Mittelalter bis zum Barock; sowie: Die Mode.
Eine Kulturgeschichte vom Barock bis zum Jugendstil. München, 1986.

Daidalos 51. Architektur. Kunst. Kultur. Berlin, 1994.

Eggmann, Verena; Steiner Bernd: Baumzeit. Magier,
Mythen und Mirakel. Zürich, 1996.

Giovetti, Paola: Engel. Die unsichtbaren Helfer der
Menschen. München, 1989.

Heinz-Mohr, Gerd: Lexikon der Symbole. Bilder und
Zeichen der christlichen Kunst. Freiburg, 1991.

Heller, Eva: Wie Farben wirken. Farbpsychologie. Farb-
symbolik. Kreative Farbgestaltung. Hamburg, 1989.

Hilf, Rainer: Farbe in der Architektur. Ein Vortrag.
Nürnberg, 1996.

Hinz, Berthold: Lucas Cranach d. Ä. Hamburg, 1993.

Hofmann, Rudolf: Gutachten über die Geschichte
der Christbaumschmuckherstellung in Lauscha.
Lauscha, 1991.

Horn, Helena: 400 Jahre Glas aus Thüringen.
Die Sammlung des Museums für Glaskunst Lauscha.
Eine Auswahl. Lauscha, 1995.

Innes, Jocasta: Zauberei mit Farben. Köln, 1987.

Jenny, Peter: Farbhunger. Stuttgart, 1994.

Klauda, Manfred: Die Geschichte des Weihnachtsbaumes. München, 1993.

Klaus, Bernhard: Der Weihnachtsbaum. Mythos vom
Lebensbaum. Manuskript einer Sondersendung des
Bayerischen Rundfunks, Studio Nürnberg, gesendet
12. 12. 1987.

Lauffer, Otto: Der Weihnachtsbaum in Glauben und
Brauch. Berlin/Leipzig, 1934.

Lindner, Dolf: Aberglaube. Wien, 1990.

Loschek, Ingrid: Mode im 20. Jahrhundert. Eine
Kulturgeschichte unserer Zeit. München, 1988.

Mala, Matthias/Gardein, Uwe: Walpurgisnacht und
Zungenreden. Ursprung und Belebung unserer Feste
und Bräuche. München, 1994.

Mantel, Kurt: Geschichte des Weihnachtsbaumes.
Alfeld, 1989.

Mitsch, Werner: Neue Hin- und Widersprüche.
Rosenheim, 1988

Nikel, Ulrike (Textauswahl): Ach, du liebe Weihnachtszeit. München, 1994.

Rykwert, Joseph: Ornament ist kein Verbrechen.
Köln, 1983.

Segeth, Uwe-Volker: Nostalgischer Weihnachtsschmuck.
Sammler-Katalog. Augsburg, 1994.

Snyder, Philip V.: The Christmas Tree Book.
New York, 1976.

Stille, Eva: Christbaumschmuck des 20. Jahrhunderts.
Kunst, Kitsch und Kuriositäten. München, 1993.

Vossen, Rüdiger: Weihnachtsbräuche in aller Welt.
Hamburg, 1985.

Weber-Kellermann, Ingeborg: Das Weihnachtsfest.
Luzern/Frankfurt, 1978.

Weber-Kellermann, Ingeborg: Das Buch der
Weihnachtslieder. Mainz, 1992

Wehr, Christian: Lexikon des Aberglaubens.
München, 1991.

Bezugsquellen

*Und hier können Sie den im Buch abgebildeten Christ-
baumschmuck kaufen bzw. erfahren Sie Bezugsquellen
in Ihrer Nähe:*

Wanners Weihnachtshaus
Johann Wanner
Spalenberg 14
CH – 4000 Basel
Tel. 0041/061-261 48 26
Fax 0041/061-261 48 92
Internet:
WWW : http: II www. nethos. ch/wanner
eMail: wanner   nethos. ch

*Wanner-Weihnachtsschmuck führen
unter anderem nachstehend aufgeführte Häuser:*

Bergdorf & Goodman
5th Ave. 57th to 58th Sts.
New York, N. Y. 10019

Galleries Lafayettes
Boulevard Haussmann 40
F-75909 Paris

Jelmoli Grands Magazins
St. Anna-Gasse 18
CH-8001 Zürich

Liberty
Regent Street
GB-London W1R 6AH

Printemps
45, rue Joubert
F-75009 Paris

Sazaby
4-18-11, Minami-Aoyama,
Minato-ku
Tokyo, Japan

BLV Verlagsgesellschaft mbH,
München Wien Zürich
80797 München

Das Werk einschließlich aller seiner Teile ist urheber-
rechtlich geschützt. Jede Verwertung außerhalb der
engen Grenzen des Urheberrechtsgesetzes ist ohne
Zustimmung des Verlages unzulässig und strafbar. Das
gilt insbesondere für Vervielfältigungen, Übersetzungen,
Mikroverfilmungen und die Einspeicherung und Verar-
beitung in elektronischen Systemen.

© 1996 BLV Verlagsgesellschaft mbH, München
Lektorat: Evelyn Scherfenberg,
Marianne Faiss-Heilmannseder
Satz und Layout:
BuchHaus Robert Gigler GmbH, München
Einbandgestaltung:
Sander & Krause Werbeagentur, München
Reproduktionen: Repro Ludwig, Zell am See
Druck: Appl, Wemding
Bindung: Conzella, München

Printed in Germany
ISBN 3-405-15023-X

Bildnachweis

Roland Aellig, Bern; Reinhard Kemmether, Nürnberg;
Herbert Liedel, Nürnberg; Horst Schäfer, Nürnberg;
Evelyn Scherfenberg, Nürnberg;
Archiv Johann Wanner, Basel

Zur Autorin

Evelyn Scherfenberg arbeitet als Journalistin in
Nürnberg und als Ressortleiterin für das WOCHEN-
MAGAZIN der Nürnberger Nachrichten. Außerdem
ist sie Autorin zahlreicher Veröffentlichungen vor allem
zu kulturhistorischen Themen in vielen Tageszeitungen
und Magazinen.

Die Deutsche Bibliothek – CIP-Einheitsaufnahme

Scherfenberg, Evelyn:
Johann Wanners Weihnachtswelt :
Tradition, Dekorationskunst, Christbaumzauber /
Evelyn Scherfenberg ; Johann Wanner. –
München ; Wien ; Zürich : BLV, 1996
 ISBN 3-405-15023-X
NE: Wanner, Johann:

Aus der »Edition Galleria«

Kevin McCloud
**Kreative
Raumgestaltung**
Exquisite Wohnideen, die Atmosphäre schaffen und Akzente setzen: Grundlagen, Werkzeuge, Materialien und eine Fülle von kreativen Vorschlägen für dekorative Effekte mit Schritt-für-Schritt-Anleitungen für die einzelnen Mal- und Dekorationstechniken.

Gerda Nissen
**...und füllt mein Herz
mit Freude**
Erlebnisse und Erfahrungen rund um den Garten mit stimmungsvollen Farbfotos – informative, unterhaltsame und nachdenkliche Reflexionen zu ganz alltäglichen Situationen im Leben eines Hobbygärtners.

Sybil Edwards/Chris Moore/
Lynette Bleiler
**Die Kunst der
Bauernmalerei**
Objekte mit floralen und klassischen Mustern, Tiermotiven und Ornamenten verschönern – mit vielen Beispielen, genauer Darstellung der Pinselstrichtechniken und Schritt-für-Schritt-Anleitungen.

Liz Wagstaff
Farbe und Wohnen
Attraktive Farbenspiele und Veredelungstechniken für ein ganz persönliches Ambiente: Materialien, Werkzeuge, Grundtechniken und Oberflächenvorbereitung sowie Maltechniken Schritt-für-Schritt mit Farbvarianten und außergewöhnlichen Effekten.

Malcolm Hillier
**Blütenkränze
und Girlanden**
Dekorative Objekte aus frischen und getrockneten Blumen für alle Jahreszeiten und für verschiedene Gelegenheiten – mit Tips zur geeigneten Pflanzenauswahl, Werkzeugen, Materialien und den Grundtechniken des Blumensteckens.

Bill Laws
Landhaus-Träume
Der Zauber ländlicher Wohnkultur: die schönsten Landhäuser von England bis USA, von Skandinavien bis Griechenland – mit vielen Farbfotos, typischen Gestaltungselementen und der passenden Inneneinrichtung.

*Im BLV Verlag
finden Sie Bücher
zu folgenden Themen:* Garten und Zimmerpflanzen • Edition Galleria • Natur • Heimtiere • Jagd • Angeln •
Pferde und Reiten • Sport und Fitneß • Tauchen • Reise • Wandern, Alpinismus,
Abenteuer • Essen und Trinken • Gesundheit und Wohlbefinden

 *Wenn Sie ausführliche Informationen wünschen, schreiben Sie bitte an:*
BLV Verlagsgesellschaft mbH • Postfach 40 03 20 • 80703 München
Telefon 089/1 27 05-0 • Telefax 089/1 27 05-543